한 권으로 끝내는
놀이체육 영상백과 60

놀이랑 쏭쌤이랑
지금 바로!
초등 놀이체육

한 권으로 끝내는 놀이체육 영상백과 60
놀이랑 쑝쌤이랑 지금 바로! 초등 놀이체육

제1판 제1쇄 발행 2020년 02월 27일
제1판 제2쇄 발행 2021년 05월 25일

지은이 송성근, 구영철, 김정식, 김철웅, 김한샘, 박상준, 이정수, 이정우, 이주환, 정우창, 놀이랑(시흥놀이체육교육연구회)
발행인 조헌성 **발행처** (주)미래와경영
ISBN 978-89-6287-207-1 03370 **값 16,000원**
출판등록 2000년 03월 24일 제25100-2006-000040호
주소 (08590) 서울특별시 금천구 가산디지털1로 84, 에이스하이엔드타워 8차 1106호
전화번호 02) 837-1107 **팩스번호** 02) 837-1108
홈페이지 www.fmbook.com **이메일** fmbook@naver.com

■ 좋은 책은 독자와 함께합니다.
책을 펴내고 싶은 소중한 경험이나 지식, 아이디어를 이메일 fmbook@naver.com로 보내주세요.
(주)미래와경영은 언제나 여러분께 열려 있습니다.

한 권으로 끝내는
놀이체육 영상백과 60

놀이랑 쏭쌤이랑

지금 바로! 놀이
초등 체육

송성근 | 구영철 | 김정식 | 김철웅 | 김한샘
박상준 | 이정수 | 이정우 | 이주환 | 정우창
놀이랑(시흥놀이체육교육연구회)

미래와경영

체육수업에는 불편함이 많습니다. 기상환경과 체육시설환경이 뒷받침되어야 하고, 수업 내용과 용품 준비, 수업 진행, 수업 마무리까지 신경 써야 할 부분이 많기 때문입니다. 이런 상황에서 체육수업의 대안으로 교실놀이, 수업놀이, 실내놀이 등 놀이체육이 대세가 되고 있습니다.

첫 번째 책인 〈쏭쌤의 놀이를 적용한 체육수업〉에서는 가성비(수업 준비 대비 수업의 효율성)라는 프레임으로 현장에서 쉽게 사용 가능한 『장소+용품』의 구분에 따라 놀이체육 활동을 제시하였습니다. '학생의 신체 움직임을 통한 즐거움'이라는 큰 틀 속에 학생과 선생님이 원하는 간단하면서도 재미있는 놀이 중심의 체육수업 콘텐츠를 개발하였습니다. 불편함이 많은 체육수업이 좀 더 편하게 학생과 선생님에게 다가갔으면 하는 바람으로 단편적이고 구체적인 레시피를 제공하였습니다. 그러나 체육교과서를 집필하신 선생님, 체육교과 교수님과 이야기를 나눌 때마다 지금 하고 있는 콘텐츠의 개발 방향이 옳은지에 대해 다시금 생각하게 됩니다. 놀이를 적용한 체육수업이 과연 '체육교과의 체계 및 성취기준을 바탕으로 만들어지고 있는가?'에 대한 질문에는 쉽게 '맞다.'라고 대답하지 못했습니다.

그래서 경기도 놀이체육 장학자료 집필진인 '놀이랑(시흥놀이체육교육연구회)'이 이런 고민들을 해결하고자 본 책을 집필하였습니다. 흥미 위주의 놀이로만 끝나는 체육시간이 아닌 체육과 교육과정 성취기준을 바탕으로 모든 체육교과서 분석을 통해 체계적인 놀이자료를 자체 개발하였습니다.

체육교과 성취기준 중심으로 체육과 체계를 따르되 현장에서 바로 적용할 수 있는, 쉽고 편하며 재미있는 본 놀이체육 자료가 명분과 실리를 모두 갖춰 현장에서 활용하기 좋은 자료가 되길 기대합니다.

이 책은 체육의 핵심성취기준을 분석하여 각 영역별로 다음 내용에 중점을 두었습니다.

■ 건강영역

기초체력, 건강체력, 운동체력의 요소를 중심으로 '건강한 몸을 만들기 위해 어떻게 관리할 것인가?'에 초점을 두고 놀이자료를 개발하였습니다.

■ 도전영역

속도도전, 동작도전, 거리도전, 투기·표적도전 등 다양한 도전 상황에서 '나의 한계를 극복할 수 있는가?'에 초점을 두었습니다.

■ 경쟁영역

다양한 경쟁 활동 속에서 '의사소통하며 협력할 수 있는가?'에 초점을 두었습니다. 필드형 경쟁, 영역형 경쟁, 네트형 경쟁 활동에서 학년별로 구분되는 「발+공」, 「손+공」, 「도구 활용」 등 사용하는 신체와 용품을 기준으로 구분했습니다.

■ 안전영역

실제 활동 중심의 안전수업을 위해 모든 활동을 구상하는 데 안전을 기본으로 생각하였습니다. 각 활동 속 '놀이 Tip' 부분에 안전 요소를 구체적으로 제시하였습니다.

이 책의 활동은 다음의 내용을 중심으로 구성하였습니다.

① 종목(활동 예시) 및 기능보다 신체 움직임 및 활동을 중심으로 구성하였습니다.
② 체육교과서 내용을 벗어나서 현장에서 활용하기 쉽고 편하게 즐길 수 있는 활동거리로 구성하였습니다.
③ 수업에서 배제되는 학생(긴 시간 동안 대기, 아웃, 소외 등)을 최소화하였습니다.
④ 주변에서 쉽게 구할 수 있는 용품만을 활용하였습니다.
⑤ 장소에 제약을 받지 않도록 다양한 공간(교실, 체육교실, 체육관, 운동장)의 자료로 구성하였습니다.
⑥ 활동영상을 제공하여 보다 쉽게 활용할 수 있도록 구성하였습니다.
⑦ 기존에 있는 놀이가 아닌 자체 개발한 참신한 활동으로 구성하였습니다.

선생님은 교과지도를 할 때 핵심성취기준을 중심으로 운영해야 합니다. 하지만 실제 교육현장에서 체육교과의 모든 영역에 걸쳐 교육과정을 모두 진행하기란 어려움이 많습니다. 놀이자료를 만들어 본 경험을 바탕으로 체육교과를 다년간 지도한 현장 전문가와 함께 연구해 만든 본 책이 그 어려움을 해결하고자 합니다. 핵심성취기준에 맞춰 개발된 놀이자료를 통해 학생들이 가장 좋아하고 기다리는 체육시간이 더 이상 선생님에게 부담스럽거나 불편한 시간이 아닌 소통하며 속

편한 시간이 되길 바랍니다.

　이 책이 나오기까지 함께 책을 집필한 '놀이랑(시흥놀이체육교육연구회)' 회원님들에게 감사의 말씀을 전합니다. 각자가 맡은 영역의 교육과정 및 교과서 분석을 통한 놀이자료 개발에 힘썼을 뿐만 아니라 전체 내용에 대한 피드백 및 수정 과정까지 심혈을 기울였기에 본 책이 출간될 수 있었습니다. 함께 뜻을 모으고 함께 해결해 나가는 어려운 과정을 겪었기에 현장에 보다 친숙하면서도 교육과정에 맞는 자료가 만들어질 수 있었습니다. 앞으로도 '놀이랑(시흥놀이체육교육연구회)'이 가고자 하는 방향 속에 즐거운 학교, 재미있는 교실, 활기찬 학생, 행복한 교사의 큰 뜻이 펼쳐지리라 기대합니다.

'놀이랑(시흥놀이체육교육연구회)' 회장 쏭쌤, 송성근

놀이랑(시흥놀이체육교육연구회)

놀이를 통한 신체 움직임의 즐거움에 관심을 갖고 경기도 교육청 체육 직무연수에 참여한 강사진으로 구성된 교육연구회이다. 경기도놀이체육교육연구회의 『교사와 학생 모두 행복한 실내놀이체육』 장학자료를 집필했다. 현직 초등 교사들로서 아동의 놀 권리 확산과 학교 시스템에 놀이를 더하기 위해 꾸준히 노력하고 있다.

송성근

경기도에서 초등학교 교사로 근무하고 있으며 놀이랑(시흥놀이체육교육연구회) 회장으로 활동하고 있다. 2017 경기 교육자료전 1등급, 2018 전국 교육자료전 1등급을 받았으며 2019 롯데월드 놀이영상 공모전 최우수상(1등), 제2회 유아·놀이중심 교육문화 조성 UCC공모전 장려상을 수상하였다. 학교에 놀이를 더해 학생과 교사 모두 행복한 학교가 될 수 있도록 자료를 연구하고 공유하고 있다.

▶ 저서 : 『쏭쌤의 놀이를 적용한 체육수업』, 『쏭쌤 & 이종대왕의 학급경영 놀이백과』,

　　　　『쏭쌤 & 별별샘의 영상으로 끝내는 미술놀이 50』

▶ 원격연수 : 『쏭쌤 & 이종대왕의 리얼 놀이로 푸는 초등학급경영』(아이스크림 원격교육연수원),

　　　　　　『교사와 학생 모두 행복한 실내체육수업』(티처빌 원격연수원)

▶ 놀이용품 : 『쏭쌤 팀조끼』, 『쏭쌤 탁공』(위피크), 『쏭쌤 점수판』(미래와경영넷)

▶ 커뮤니티 : 『쏭쌤의 놀이를 적용한 주간체육 수업』(네이버 밴드), 『쏭쌤TV』(유튜브 채널) 운영 중

구영철

누구에게나 즐거운 체육시간, 수업시간을 선물하고 싶은 초등학교 교사이다. 학교체육업무를 맡아 육상 및 각종 운동부를 지도하여 입상한 지도 실적이 있으며, 경기도 교육청 놀이체육 장학자료를 집필하였다. 다양한 놀이를 통하여 즐거운 학급 경영에 힘쓰고 있으며, 연구회 활동을 통해 더 많은 놀이체육 콘텐츠를 개발 연구 중이다.

김정식

아이들보다 노는 것을 더 좋아하는 초등학교 교사이다. 항상 뭐하고 놀까 고민하며 오늘도 학급 아이들과 함께 놀이를 연구하고 있다. 2018년부터 경기도놀이체육교육연구회 회원으로 '교사와 학생 모두 행복한 실내놀이체육 수업' 장학자료 집필에 참여했다.

김철웅

'학생들이 좋아하는 놀이는 무엇일까?' 하루하루 고민하고, 학생들과 함께 땀 흘리며 뛰노는 초등학교 교사이다. 경기도 놀이체육 연구회, 체육 연수 강사 등의 활동을 통해 체육 수업을 연구하고 있다. 유튜브 채널 '티처룽'을 운영하며 이 책에 담긴 체육활동 노하우를 공유하고자 한다.

김한샘

미세먼지, 체육시설 부족 등으로 최근 주목받고 있는 실내 놀이체육을 연구하는 시흥시 놀이체육연구회에 참여하여, 놀이 개발 및 적용, 발전을 위해 노력하고 있는 초등학교 교사이다. 학생들이 즐거우면서도 체육교과의 성취수준에 도달할 수 있는 놀이를 만들기 위해 고민하고 있다. 다양한 체육활동을 학급 특색으로 삼아 항상 활기가 넘치는 학급을 운영하는 것을 목표로 하고 있다. 이런 경험을 바탕으로 공모연수, 지역체육연수 강사로서 실내놀이체육을 알리고, 선생님들이 쉽게 학급에 적용할 수 있도록 도움을 주고 있다.

박상준

학생들과 부대끼며 놀기 좋아하는 초등학교 교사이다. 경기도교육청 놀이체육 장학자료를 집필하였으며, 다양한 놀이체육 연수를 통해 선생님들께 놀이자료를 공유하고 있다. 운동을 잘하든 못하든 모두가 즐겁게 체육활동에 참여할 수 있도록 즐거운 수업을 만들기 위해 노력하고 있다.

이정수

아이들과 행복과 건강한 생활을 위해 최선을 다해 생활하고 있는 초등학교 교사이다. 운동부를 맡아 소년체육대회 금메달 2회 등 입상 지도 실적이 있으며, 2018년도 신나는 주말체육학교 운영(피구)으로 대한체육회장상을 수상하였다. 또한 2018~2019년 수원, 시흥 놀이체육연구회원 활동으로 장학자료 발간 및 놀이체육 강사로 활동하고 있다. 놀이와 체육을 생각하고 고민하면서 더욱 재미있고 신나는 놀이체육을 위해 최선을 다하고 있다.

이정우

경인교육대학교 체육교육학과와 체육교육대학원을 졸업하였다. 초등학교 교사로 재직하고 있으며 학생들과 함께 즐거운 학교생활을 하는 것을 목표로 체육수업을 연구하고 있다. 수년간 학생들에서 티볼을 지도하면서 티볼 이선생 홈페이지(www.teeball.kr)를 운영하고 있으며, 시흥에서 놀이체육연구회 활동 및 뉴스포츠연구회 활동을 하고 있다.

이주환

키는 크지만 운동신경이 다소 떨어지는 초등학교 교사이다. 하지만 운동을 좋아해 어릴 때부터 지금까지 하고 있고, 체육의 완전 소중함과 중요성을 너무 잘 알게 된 교사이기도 하다. 체육을 못하는 학생도, 재미없어 하는 친구들도 더불어 같이 즐길 수 있는 체육활동과 놀이를 연구하고 있다. 지금도 학생들이 운동과 놀이의 기쁨을 느끼며 오고 싶은 학교, 신바람 나는 교실을 만들고자 힘쓰고 있다.

정우창

경기도 초등학교 교사로 근무하고 있으며 시흥스포츠클럽 운영지원단, 시흥 놀이체육 교육연구회원으로 활동하고 있다. 체육 활동으로 학생과 소통하려 노력하며 '학교 가는 것이 즐거운 아이들'로 가득한 교실을 만드는 것을 목표로 하고 있다.

<책의 구성과 특징>

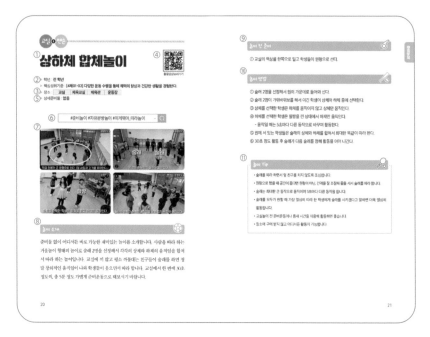

1. 놀이 제목

[장소+도구]와 함께 해당 놀이의 제목을 제시하였습니다. 도구는 상세준비물 중 대표하는 도구 1개만 제시하였습니다.

2. 학년군

2015 개정 교육과정은 학년군 교육과정으로 3~4학년군, 5~6학년군으로 구분하였습니다. 학년군과 상관없이 교육과정과 연계해서 재구성하여 활용할 수 있습니다.

3. 장소

장소 구분	특징
교실	교실 1칸
체육교실	교실 2칸을 붙인 천장이 낮은 간이체육시설 (빈 교실을 놀이공간으로 바꾼 장소)
체육관	천장이 높은 강당 및 체육관
운동장	넓은 운동장

놀이별로 활동하기 적합한 장소를 음영으로 구분하였습니다.

4. QR코드
해당 놀이체육자료의 실제 활동영상을 통해 놀이를 쉽게 이해할 수 있고 학생들에게 보여줄 수 있어 설명하는 부담을 줄일 수 있습니다.

5. 상세준비물
본 활동을 하기 위해 필요한 상세준비물을 안내합니다.

6. 대표 해시태그
핵심 체력이나 운동 역량, 놀이 포인트 등 놀이의 특징을 해시태그로 표시하여 활동을 보다 쉽게 이해할 수 있도록 도와줍니다.

7. 활동사진
실제 활동사진 4컷을 통하여 활동 내용과 방법을 쉽게 이해할 수 있습니다.

8. 놀이 소개
놀이에 대한 간단한 설명을 제시하여 본 활동을 이해할 수 있게 도와줍니다.

9. 놀이 전 준비
본 활동 전 경기장 설명, 놀이 사전 이해, 연습 방법, 팀별 인원 등을 제시하였습니다.

10. 놀이 방법
놀이 과정, 승패 구조의 방법을 알 수 있습니다. 포인트의 부가설명을 통해 상세한 규칙과 방법을 이해할 수 있습니다.

11. 놀이 Tip
활동 전 학생들에게 제공할 유의사항을 알 수 있습니다. 장소 변형 팁, 수준과 난이도 조절, 규칙 변경, 전 학년 적용 가능 팁 등을 제공하여 놀이를 쉽게 변형할 수 있도록 하였습니다.

※ 체육 이야기 TALK TALK
내용 중간중간에 체육 관련 에세이가 있습니다. 다양한 주제의 체육 관련 이야기를 읽어보며 '체육'에 대해 다시 한 번 생각해보는 기회를 갖길 바랍니다.

<본 책에 활용된 체육용품>

주변에서 쉽게 구할 수 있는 체육용품을 사용하여 어느 학급에서나 본 놀이체육 자료를 활용할 수 있습니다.

모양	명칭	용도 설명
	팀조끼	스포츠나 놀이에서 팀을 식별하기 위해 쓰이는 조끼입니다. 팀조끼를 묶어서 던지는 형태의 놀이도 가능합니다.
	쏭쌤 팀조끼	어깨에 띠 형태로 걸치는 팀조끼입니다. 팀을 구별하는 팀조끼의 기본 역할뿐만 아니라 던지거나 휘두르는 형식의 다양한 놀이에 활용이 가능합니다.
	라바콘	위치를 표시하거나 장애물 역할을 위해 놓는 콘입니다. 다른 콘에 비하여 멀리서도 위치를 확인하기 쉽습니다. 9인치에서 18인치까지 다양한 크기가 있습니다.
	접시콘	접시처럼 생긴 형태의 콘입니다. 휴대성이 좋으며 라바콘에 비해 좁은 공간에서 사용하기에 용이합니다.
	원마커	PVC 소재로 된 위치를 표시하기 위해 놓는 용품입니다. 다른 콘과는 달리 밟아도 된다는 특징이 있습니다.
	닷지비	천 소재로 만들어진 플라잉 디스크입니다. 다른 종류의 플라잉 디스크에 비해 맞아도 아프지 않다는 장점이 있습니다.
	훌라후프	플라스틱 소재로 만들어진 둥근 고리입니다. 허리나 목으로 돌리는 기존의 사용 방법 외에도 놀이에서 영역을 표시하는 등으로 사용이 가능합니다.

	액션후프	훌라후프와 비슷한 형태이나 조금 더 납작한 형태입니다. 특히 영역을 표시할 때 발이나 물건에 맞아 이동하는 경우가 적은 장점이 있습니다.
	스택스 컵	스포츠 스태킹 종목에서 빠르게 쌓기 활동을 하는 12개로 이루어진 플라스틱 소재의 컵입니다.
	플로어볼 세트	실내에서 할 수 있게 고안된 하키형 종목 용품입니다. 플라스틱 소재로 된 스틱과 공, 철재로 된 골대로 세트가 구성되어 있습니다.
	플라잉 디스크 윷놀이판	도개걸윷모가 적혀져 있어 윷놀이를 할 수 있는 과녁판입니다. 플라잉 디스크뿐만 아니라 다양한 소재를 던지는 놀이가 가능합니다.
	티볼 세트	초등학교 영역형 경쟁에 가장 널리 보급된 종목의 뉴스포츠 세트입니다. 부드러운 소재로 된 공과 배트, 배팅티, 베이스 등으로 세트가 구성되어 있습니다.
	미니 골대	실내나 운동장에 경기장을 여러 개 설치하여 축구형 게임을 진행하기에 필요한 골대입니다. 텐트처럼 원터치로 나온 골대입니다.
	링	고리 던지기 세트에 포함된 링입니다. 플라스틱 소재로 고리 던지기뿐만 아니라 교실 컬링, 교실 하키 등에 쓸 수 있습니다.
	줄넘기	개인 줄넘기용, 단체 줄넘기용으로 길이가 다양합니다. 줄넘기를 하는 것 외에도 다양한 놀이에서 경계를 표시하거나 교실에서 네트의 용도로도 활용 가능합니다.
	점수판	놀이를 할 때 점수를 한 눈에 볼 수 있는 점수판입니다. 몸 상태가 안 좋아 활동에 참여하지 못하는 학생들에게 점수판을 넘기는 역할을 하게 할 수 있습니다.

	배드민턴 라켓	배드민턴을 치는 데 쓰이는 채입니다. 금속으로 되어 있고 가볍다는 특징이 있습니다. 어린이용으로 작게 나온 사이즈도 있습니다.
	셔틀콕	깃털과 고무로 이루어져 있으며 배드민턴 활동을 할 때 사용합니다. 순간 속도는 빠르나 공기 저항에 속도가 빠르게 감소하는 특징이 있습니다.
	축구공	축구 경기에 사용되는 공으로서 연령별로 크기가 다양합니다. 대부분의 학생들이 가지고 있는 공은 5호공이나 초등학생은 공식 경기에서 4호공을 사용합니다.
	소프트발리볼	기존의 배구공보다 크기가 크고 푹신한 소재라 학생들이 네트형 경쟁에서 쓰기 좋은 공입니다.
	풋살공	축구공과 비슷하나 바운드가 적고 무게가 조금 더 나간다는 특징이 있습니다. 미세먼지가 많은 날에 실내에서 축구형 놀이를 하기에는 풋살공이 조금 더 적합합니다.
	피구공	스포츠 피구 경기용 공인구입니다. 푹신푹신하며 탄성이 좋아 발로 차도 잘 날아갑니다. 초등학생이 손으로 잡기 적당한 크기입니다.
	탁구공	플라스틱 소재로 만들어진 공입니다. 가볍고 바운드 되는 성질을 이용하여 교실에서 안전하게 다양한 활동을 할 수 있습니다.
	배구공	부드럽고 가벼운 소재의 공입니다. 기존의 배구 경기 외에도 축구공을 잘 차지 못하는 학생들이 쓰기에도 좋습니다.
	농구공	무겁고 바닥에 잘 튀는 소재의 공입니다. 다른 공에 비해 크다는 특징이 있어 농구 경기 외에도 표적 도전에도 유용하게 쓰일 수 있습니다.

CONTENTS

PART 00 준비놀이

체육 이야기 **TALK TALK** 체육시간에 대해 학생들의 과한 관심과 반응 때문에 힘든 선생님을 위하여! ⋯ 22

CHAPTER 01 준비놀이 (#전 학년)

체육 이야기 **TALK TALK** 지나친 승부욕, 어떻게 받아들여야 하나? ⋯ 32

PART 01 건강한 몸을 위해 관리하기 (#건강)

체육 이야기 **TALK TALK** 체육수업으로 학생들과 협상하기 ⋯ 34

CHAPTER 01 기초체력 놀이 (#3,4학년)

체육 이야기 **TALK TALK** 아나공 수업 ⋯ 54

CHAPTER 02 건강체력 놀이 (#5학년)

CHAPTER 03 운동체력 놀이 (#6학년)

PART 02 시도하고 극복하기(#도전)

CHAPTER 01 속도도전 놀이(#3학년)

CHAPTER 02 동작도전 놀이(#4학년)

CHAPTER 03 거리도전 놀이(#5학년)

CHAPTER 04 표적도전 놀이(#6학년)

PART 03 의사소통하며 협력하기(#경쟁)

CHAPTER 01 기초 놀이

PART 00

준비놀이

체육시간에 대해 학생들의 과한 관심과 반응 때문에 힘든 선생님을 위하여!

놀이나 체육에 대한 학생들의 관심과 반응은 정말 대단합니다. 자신이 좋아하는 체육시간, 더구나 자신이 좋아하는 활동을 하는 날에는 표정부터 달라집니다. 하지만 체육시간에 자신의 기대에 못 미치는 활동을 할 때는 실망한 표정이나 표현을 선생님에게 대놓고 하는 경우도 있습니다. 저는 학생의 그런 반응 때문에 속상하거나 기분 나쁜 적이 있습니다. 선생님 입장에서 학생이 좋아하는 체육시간에 모두의 기대를 채워주기에는 버거울 뿐만 아니라 학생들의 반응에 따른 수업을 진행하기에도 힘든 경우가 많습니다.

다년간의 체육수업을 통해 느낀 방법을 소개합니다. 체육시간 첫날 학생들에게 어떻게 이야기를 하는지가 중요합니다. 먼저 "체육수업은 잘 짜인 계획 속에 신체를 활용해 인성과 협동심을 배우며 다 함께 즐기는 시간입니다."라고 이야기합니다. 재미있고 즐거운 놀이시간도 있고, 교과서에 나와 있는 다양한 활동을 하는 시간이며, 모든 활동은 사전에 계획된 배움의 시간이라고 강조합니다. 그리고 인성, 협동심, 학급 세우기 등 선생님이 생각하는 체육을 통해 지도하고자 하는 요소를 넣어 말씀해 주시면 좋습니다. 학생들은 이를 통해 자신들이 좋아하는 피구, 발야구 등의 경쟁형 활동만 하는 단편적인 시간이 아니라 선생님이 열심히 준비한 많은 의미와 의도가 담겨 있는 활동을 하는 시간이라고 느끼게 하는 것이 중요합니다. 또한, 체육 첫 시간 체육교과서를 쭉 살펴보며 배워야 할 체육활동에 대해 서로 알아보는 시간을 갖고 다양한 활동을 골고루 즐길 수 있도록 지도합니다.

학기 초뿐만 아니라 학기 중에도 선생님께서 어떻게 지도를 하는지도 중요합니다. 학생의 의견에 따라 "그래, 너희가 원한다면 이거 하자."라는 식으로 쉽게 학생의 의견에 따라 체육수업을 진행한다면 그다음 시간, 또 그다음시간에도 자신이 원하는 체육을 하고자 할 것입니다.
체육시간이 학생과의 협상거리가 되어서는 절대 안 됩니다. 설령 계획한 운동장 체육이 미세먼지로 인해 갑자기 어제 유튜브에서 본 교실놀이를 하더라도 미리 준비하고 계획한 활동을 하는 것처럼 지도하는 것이 좋습니다. 학생들이 가장 좋아하는 시간인 체육시간, 과한 관심과 반응 때문에 흔들리지 말고 교육과정에서 지도해야 하는 성취기준에 따라 지도하되 가끔씩은 재미 요소가 많은 활동을 시켜주며 학생들과 '밀당'을 해보는 것도 좋을 것 같습니다. 밀당의 승자가 꼭 선생님이 되길 바랍니다.

CHAPTER 01

준비놀이

(#전 학년)

상하체 합체놀이

활동영상 보러가기

▶ 학년 : **전 학년**
▶ 핵심성취기준 : **[4체01-02] 다양한 운동 수행을 통해 체력의 향상과 건강한 생활을 경험한다.**
▶ 장소 : | 교실 | 체육교실 | 체육관 | 운동장 |
▶ 상세준비물 : **없음**

#준비놀이 #자유분방놀이 #이게뭐야_따라놀이 ▽ 🔍

❶ 학급 전체가 큰 원형으로 선다. (옆 사람과 간격을 유지한다.)

❷ 원 안으로 두명의 술래가 들어간다.

❸ 하체를 선택한 학생은 팔짱을 끼고 하체만 움직인다.

❹ 술래의 상체와 하체의 움직임을 보고 합쳐서 따라 움직인다.

놀이 소개

준비물 없이 어디서든 바로 가능한 재미있는 놀이를 소개합니다. 사람을 따라 하는 거울놀이 형태의 놀이로 술래 2명을 선정해서 각각의 상체와 하체의 움직임을 합쳐서 따라 하는 놀이입니다. 교실에 끼 많고 평소 까불대는 친구들이 술래를 하면 정말 창의적인 움직임이 나와 학생들이 웃으면서 따라 합니다. 교실에서 한 번에 30초 정도씩, 총 5분 정도 가볍게 준비운동으로 해보기 바랍니다.

놀이 전 준비

① 교실의 책상을 한쪽으로 밀고 학생들이 원형으로 선다.

놀이 방법

① 술래 2명을 선정해서 원의 가운데로 들어와 선다.
② 술래 2명이 가위바위보를 해서 이긴 학생이 상체와 하체 중에 선택한다.
③ 상체를 선택한 학생은 하체를 움직이지 않고 상체만 움직인다.
④ 하체를 선택한 학생은 팔짱을 낀 상태에서 하체만 움직인다.
 - 움직일 때는 5초마다 다른 동작으로 바꾸며 활동한다.
⑤ 원에 서 있는 학생들은 술래의 상체와 하체를 합쳐서 최대한 똑같이 따라 한다.
⑥ 30초 정도 활동 후 술래가 다음 술래를 정해 활동을 이어 나간다.

놀이 Tip

• 술래를 따라 하면서 옆 친구를 치지 않도록 조심합니다.
• 원형으로 했을 때 공간이 좁다면 원형이 아닌, 간격을 잘 조절해 줄을 서서 술래를 따라
 합니다.
• 술래는 최대한 큰 동작으로 움직이며 5초마다 다른 동작을 합니다.
• 술래를 모두가 원할 때 가장 열심히 따라 한 학생에게 술래를 시키겠다고 말하면 더욱
 열심히 활동합니다.
• 교실놀이 전 준비운동이나 틈새 시간을 이용해 활동하면 좋습니다.
• 장소에 구애 받지 않고 어디서든 활동이 가능합니다.

팔벌려 가위바위보 준비놀이

활동영상 보러가기

▶ 학년 : **전 학년**

▶ 핵심성취기준 : **[4체01-02] 다양한 운동 수행을 통해 체력 향상과 건강한 생활을 경험한다.**

▶ 장소 : | 교실 | 체육교실 | 체육관 | 운동장 |

▶ 상세준비물 : **없음**

#학생_스스로 #팔벌려뛰기 #전신_가위바위보

놀이 소개

평소 준비운동으로 전신운동인 팔벌려 뛰기 많이 하죠? 횟수를 정해 놓고 박자에 맞춰 뛰는 것도 좋지만 팔벌려 뛰기를 가위바위보와 섞어서 만든 전신 가위바위보 놀이 형태로 바꿔 하면 학생들이 더욱 즐겁게 활동에 참여합니다.

상대를 바꿔 가며 전신 가위바위보를 해서 정해진 승수나 패수를 먼저 모으면 되는 개인별 준비놀이입니다.

놀이 전 준비

① 팔벌려 가위바위보 방법을 이해하고 연습을 통해 정확한 자세를 익힌다.

② 팔벌려 뛰기 하나, 둘, 셋에서 마지막 셋에 다음 동작을 취하면 된다.

   - 가위 : 손바닥의 방향은 위로 양팔을 45도 벌린 자세

   - 바위 : 두 손으로 머리 위에서 동그라미를 만든 자세

   - 보 : 손바닥의 방향은 아래로 양팔을 옆으로 펼친 자세

③ 학생 전체가 선생님의 박자에 맞춰 가위, 바위, 보 자세를 연습한다.

④ 정해진 목표를 학생들에게 안내한다.

   예) 7승 모으기(7명 이겨서 오기), 7패 모으기(7명 져서 오기)

놀이 방법

① 2명이 서로 마주 보고 팔벌려 가위바위보를 실시한다.

   - "준비, 시작!"이라는 말과 함께 "가위바위보!"라고 외친 후에 박자에 맞춰 가위바위보를
    한다.

② 팔벌려 가위바위보를 해서 이겼는지 졌는지 판단한다.

   - 정확한 자세가 아니어서 판단이 헷갈릴 때는 다시 팔벌려 가위바위보를 실시한다.

③ 정해진 목표(7승 모으기, 7패 모으기 등)를 채우기 위해 상대를 바꿔가며 활동한다.

   - 한 번 상대한 친구와는 대결하지 않는다.

   - 정해진 목표는 선생님 재량으로 놀이 전에 안내한다.

④ 정해진 목표를 채웠다면 선생님에게 와서 하이파이브를 하고 순서대로 앉는다.

⑤ 하이파이브를 한 후 1등, 2등, 3등 순으로 쭉 옆으로 앉게 한다.

   - 준비운동 후 바로 본 활동을 설명할 수 있는 형태가 자연스럽게 만들어진다.

- 가벼운 스트레칭 후 활동을 합니다.
- 팔벌려 가위바위보를 할 때 무리하게 움직여 다른 친구를 다치지 않게 지도합니다.
- 인원에 따라 목표 승수나 패수를 정합니다.
- 가위(손바닥 위 방향)와 보(손바닥 아래 방향)의 자세를 정확하게 하도록 지도합니다.
- 정해진 목표를 채워도 좋고, 일정한 시간 후 누가 가장 많은 승수 또는 패수를 했는 지로 우승자를 가려도 좋습니다.
- 자신의 승수와 패수를 양심껏 세도록 지도합니다.

체육관 ⊕ 맨손

준비운동 3종 놀이

▶ 학년 : 전 학년
▶ 핵심성취기준 : [4체01-02] 다양한 운동 수행을 통해 체력 향상과 건강한 생활을 경험한다.
▶ 장소 : **교실** **체육교실** **체육관** **운동장**
▶ 상세준비물 : **없음**

#늘_사용하기_OK #기본+재미 #준비운동_종합 ▾ 🔍

놀이 소개

학기 초 준비운동 방법을 알려주고 지속적으로 체육시간에 활용하면 학생들도 쉽게 잘 따라 합니다. 다년간 체육지도를 하며 기본에 충실하고 재미있는 준비운동을 3가지로 묶었습니다. 개인 스트레칭, 짝 스트레칭, 간단한 짝 놀이까지 짧은 시간에 근육과 관절을 충분히 풀면서도 진행하기 편한 활동입니다.

① 남녀 각각 2줄로 맞춰 선 후 양팔 간격을 유지한다.

   - 준비운동을 하다 옆 친구와 부딪치거나 닿지 않도록 거리를 유지한다.

② 각각의 순서와 방법을 사전에 간단하게 설명한다.

● 놀이 1) 개인 스트레칭

① 다리부터 상체로 올라가며 스트레칭을 한다.

② 5초 이상 근육이 당겨지는 느낌이 나도록 늘여준다.

   - 다리 짧게(좌, 우), 다리 길게(좌, 우), 손바닥 바닥 닿기, 다리 당기기(앞, 뒤), 팔 당기기(앞, 뒤), 목 당기기(네 방향)

● 놀이 2) 짝 스트레칭

<어깨 마주 잡고 스트레칭>

① 2명씩 서로 마주 보고 친구 어깨에 손을 올린다.

② 다리를 벌린 상태로 상체를 숙여 아래쪽으로 내리며 5초간 유지한다.

③ 한쪽 어깨를 아래쪽으로 내려 스트레칭을 하고 다른 쪽 어깨도 아래쪽으로 내리며 스트레칭을 한다.

<등 돌려 박수 치기>

① 어느 정도 간격을 두고 등을 맞댄 자세로 선다.

② 허리 이하의 하체는 움직이지 않고 선생님의 휘슬에 맞춰 상체를 돌려 짝과 손바닥으로 박수를 친다.

   - 휘슬 박자에 맞춰 짝과 손바닥으로 박수를 치며, 휘슬 박자는 점점 빠르게 한다.

● 놀이 3) 짝 놀이

<다리찢기 가위바위보 놀이>

① 2명씩 짝과 서로 마주 본 상태에서 발을 일자로 붙여서 시작한다.

② 서로 가위바위보를 한다.

③ 이긴 학생은 앞에 있는 발을 뒷발에 붙이고 진 학생은 앞에 있는 발을 이긴 학생이 뒤로 간 공간만큼 앞으로 붙인다.

④ 계속해서 가위바위보를 하면, 점점 다리가 찢어지는 자세가 된다.

⑤ 가위바위보의 상황에 따라 역전의 역전을 거듭하며 활동이 진행된다.

⑥ 가위바위보를 진 친구의 발이 이긴 친구의 발에 닿지 못한 경우 진다.

<손이 발이 되어 놀이>

① 본 활동 전 놀이에 대한 이해를 위해 선생님이 팔 역할을 맡는다.

   - 팔 역할 : 허리를 숙인 자세로 다리 역할을 하는 상대의 두 다리를 컨트롤하는 역할

② 학생들은 다리 역할을 맡아 손 역할을 하는 선생님의 손을 보고 다리로 똑같이 따라 한다.

   - 다리 역할 : 서 있는 자세로 팔 역할을 하는 상대의 팔을 보고 똑같이 따라 하는 역할

③ 선생님과의 사전 연습으로 역할을 이해했으면 두 명씩 짝이 되어 활동한다.

④ 서로 마주 보고 가위바위보를 해서 이긴 학생은 팔 역할을, 진 학생은 다리 역할을 맡는다.

⑤ 팔 역할을 하는 친구의 동작을 보고 발 역할을 하는 친구는 다리로 열심히 따라 한다.

⑥ 5초마다 다른 동작으로 바꿔주며 총 30초간 활동을 한다.

⑦ 30초 후 역할을 바꿔 돌아가며 활동을 한다.

   - 다시 가위바위보를 해서 역할을 정해도 좋다.

놀이 Tip

• 숨을 내쉬며 근육과 관절이 풀어지도록 스트레칭을 실시합니다.

• 개인 스트레칭 부위와 순서는 선생님 재량으로 정합니다.

• 학기 초 선생님이 정한 준비운동 방법을 반복 지도해서 정확한 순서와 방법을 익히도록 합니다.

• 준비운동은 5분이 넘어가지 않도록 진행합니다.

지나친 승부욕, 어떻게 받아들여야 하나?

승부욕은 본능적인 욕구 중의 하나입니다. 이런 학생들의 욕구를 표출, 표현하지 못하도록 막는 것 자체가 힘이 드는 게 사실입니다. 그렇다고 경쟁 요소가 많은 활동을 할 때마다 승부욕이 많은 학생들의 표출된 행동에 의해 다른 학생의 재미마저 뺏어 버리는 상황을 방관할 수는 없습니다.

그래서 학기 초 체육에 관한 태도 부분에 대해 수업하는 것을 권장합니다. 혼자가 아닌 함께 했을 때의 즐거움이 더 크다는 것을 지도해야 합니다. 또한, 체육시간의 목적이 엘리트 선수가 되는 것이 아닌 다 함께 즐기는 것이 목표라는 점을 강조해야 합니다. 이를 위해 각자 올 한해 체육시간의 다짐 시간을 갖고 나는 체육시간을 통해 어떤 것을 배우고 싶은지에 대해 생각하게 합니다.

학기 중에는 다음과 같이 지도하는 것이 좋습니다. 체육시간에 이긴 팀과 진 팀이 생긴 경우, 진 팀이 이긴 팀에게 박수를 쳐주며 축하해 주도록 합니다. 그리고 수업을 마쳤을 때 선생님의 한마디로 마무리를 합니다. "오늘 체육시간 이긴 사람 손들어 보세요. 축하의 박수를 쳐주기 바랍니다. 그럼, 오늘 체육시간 승패와 상관없이 재미있게 즐긴 사람 손들어 보세요. 지금 손을 든 사람이 오늘의 최종 우승자입니다. 우리 모두 박수 칩시다."라는 말로 마무리를 하면 학생 모두 손을 들고 서로 박수를 쳐주며 수업을 마무리합니다.

체육수업은 인성을 지도하기 좋은 교과입니다. 단지 자신이 좋아하는 체육시간이 나만의 즐거움을 채우기 위한 시간으로 생각한다면 자신의 승부욕을 자연스럽게 표현할 것입니다. 하지만 선생님께서 체육수업시간에 배려, 이해, 인정, 매너, 스포츠맨십 등의 인성 요소와 함께 지도한다면 자신의 승부욕 표현을 줄이고자 노력할 것입니다.

PART 01

건강한 몸을 위해 관리하기

(#건강)

체육수업으로 학생들과 협상하기

초등학생들에게 가장 좋아하는 과목을 묻는다면 열에 여섯 일곱은 체육을 꼽습니다. 고학년으로 갈수록 그 비율이 줄어드는 경향을 보이지만 역시나 초등학생들이 선호하는 최고의 과목은 체육이겠지요. 이러한 인식의 배경에는 체육시간이 주는 즐거움과 관련이 있습니다. 팀을 이루어 경쟁하는 활동이 많고, 그 경쟁의 승패를 통해 학생들은 승부욕을 불태웁니다. 또 친구들과 함께하는 신체놀이로 인해 더욱 친해질 수 있는 기회가 많기 때문이지요. 게다가 체육시간에 경험하는 여러 활동들은 어린 시절부터 경험한 놀이와 큰 관련이 있어 즐겁게 활동하는 시간이라는 인식이 있습니다.

"너희들 선생님 말 잘 안 들으면 체육 안 한다!", "여기까지 잘 해야지 체육 할 수 있어." 학생 때 한 번쯤 들었던 이야기입니다. 내 자신이 했든지, 옆 반 선생님이 하셨든지 분명히 들어봤음직한 이야기. 학생들은 선생님의 저 말에 너무나 큰 두려움을 느낍니다. '체육을 못 하면 어떻게 하지?', '선생님 말씀을 잘 들어야 체육을 할 수 있겠구나.' 학생들이 일반적으로 이런 생각을 하기 때문에 체육수업을 가지고 학생들과 협상을 할 경우 큰 효과가 있을 것도 같습니다.

체육은 엄연한 교육과정이며, 교사들은 교육과정을 가르쳐야 하는 의무가 있습니다. 학생들 또한 교육과정대로 수업 받을 권리가 있지요. 학생들이 체육을 좋아하는 점, 당연히 지켜야 하는 교육과정을 가지고 학급운영의 협상도구로 사용하는 것이 올바른 학급경영인지에 관해서 생각해봐야 할 것 같습니다. 물론 대다수의 선생님들께서는 체육수업 또한 기타 다른 과목의 수업처럼 항상 고민하고 열정적으로 지도한다는 것을 잘 알고 있습니다.

체육시간은 학생들이 건강한 신체를 가꾸어 나가며, 올바른 경쟁을 배우고, 학교생활을 하는 데 큰 즐거움을 주는 과목입니다. "선생님! 오늘 체육시간에 뭐해요?"라는 질문에서 느낄 수 있듯이 학생들의 체육에 대한 사랑은 교사들의 생각을 뛰어넘습니다. 학생들이 제일 좋아하는 과목이라는 생각 이전에 우리 교사들이 꼭 가르쳐야 하는 교육과정으로 인식해 주기를 바랍니다.

CHAPTER 01

기초체력
놀이

(#3, 4학년)

고무인간 블럭 던지기

활동영상 보러가기

▶ 학년 : 3~4학년군
▶ 핵심성취기준 : [4체01-05] 체격 및 체력의 특성을 이해하고 자신에게 맞는 체력 운동 계획을
세워 올바른 방법으로 수행한다.
▶ 장소 : | 교실 | 체육교실 | 체육관 | 운동장 |
▶ 상세준비물 : 바구니, 콩주머니(다양한 블럭), 홀라후프, 팀조끼

#유연성_스트레칭 #다리뻗기_릴레이_협동 #홀라후프_표적 ▾ 🔍

마지막 주자는 팀명을 외치고 블록을 던진다

4. 주자간 발이 떨어지면 반칙이 되고 현력이 되면 다음 주자가 준비한다

5. 표적에 들어간 것과 중첩된 것 모두 득점으로 인정한다

놀이 소개

놀이를 통해 스트레칭을 자연스럽게 실천하기 위한 활동입니다. 자신이 가진 기능
만큼 스트레칭을 하고 친구들과 협동하여 각자의 장점을 극대화합니다. 그 과정 속
에서 자연스럽게 유연성을 익히며, 운동기능이 부족한 친구들도 각자의 역할을 수
행하면서 즐거움을 얻을 수 있습니다. 유연성은 기본적으로 운동신경이 좋은 친구
에게 유리하지만 마지막 주자가 콩주머니를 홀라후프 표적에 정확하게 던지면 득점
할 수 있기 때문에 유연성이 부족한 친구들도 승리할 수 있는 놀이입니다.

놀이 전 준비

① 경기장을 다음과 같이 설치한다.
- 조별(5조 내외)로 출발선 뒤에 일렬로 선다.
- 출발선에서 5m, 7m, 9m 거리에 표적(훌라후프)을 설치한다.
- 출발선으로부터 2인 경기, 3인 경기, 5인 경기 등 거리별로 참여 인원을 정한다.
- 블럭, 콩주머니 등을 담은 바구니를 출발선에 놓는다.
- 경기장의 양 끝을 출발선과 표적(훌라후프)으로 정한다.
② 첫 번째 주자가 출발선에 서고 나머지 주자들은 앞에서 이어주거나 뒤에서 밀어주며 길게 연결한다.

놀이 방법

① 각 팀 1주자들은 출발선에서 다리를 벌려 바구니를 밀며 연결한다.
② 2주자부터 앞에서 주자를 이어주거나 뒤에서 주자를 밀어주며 최대한 늘여준다.
③ 각 주자 간에 발이 떨어지면 반칙이 되고, 연결이 되면 다음 주자가 준비한다.
- 시작 신호에 맞춰 첫 번째 주자부터 마지막 주자까지 연결하고 팀명을 외친 후 블럭을 표적에 던진다.
- 발이 떨어지면 심판이 반칙을 알려주고 연결이 되면 진행시킨다.
- 다른 팀의 줄이 연결되는 것을 방해하는 것을 금지한다.
- 던진 블럭이 훌라후프에 걸치거나 들어가면 득점으로 인정한다.
- 길게 늘여 연결된 다리의 길이로 점수를 결정하고, 훌라후프에 들어간 블럭 수를 점수에 추가한다.
- 훌라후프 밖의 블럭을 훌라후프 안에 다시 넣는 것은 금지한다.
④ 시작 신호에 맞춰 첫 번째 주자부터 마지막 주자까지 발을 뻗어 연결하고 마지막 주자가 블럭을 표적에 던진다.
⑤ 심판은 놀이를 보조하는 역할을 한다.
- 심판은 주자를 따라 다니며 발이 연결되었는지 확인한 후 주자 간 발이 떨어지면 발을 연결하고 경기를 진행한다.
- 심판은 주자가 모두 연결되면 훌라후프에 던져 넣게 하고 표적에 들어간 블럭(콩주머니)

을 확인한다.

⑥ 마지막 블럭까지 던지면 개수를 세고 모둠별 순위를 가린다.

⑦ 블럭 수가 가장 많은 팀이 승리한다.

놀이 Tip

• 다리 뻗기는 서거나 앉아서 모두 가능합니다.

• 유연성이 부족한 학생은 배려하여 엎드리거나 누워서 연결하게 합니다.

• 심판은 주자들을 확인하고 반칙이 일어나지 않게 주의사항을 수시로 얘기해 놀이 진행을 돕습니다.

• 콩주머니, 신문지 뭉치, 솜털공, 셔틀콕, 플라잉 디스크, 각종 공 등을 이용해 던지거나 굴려서 진행합니다.

체육교실 + 미션활동지

가위바위보 미션 놀이

활동영상 보러가기

▶ 학년 : **3~4학년군**
▶ 핵심성취기준 : **[4체01-04] 여가 활동 경험을 바탕으로 여가 활동의 의미와 건강과의 관계를 탐색**
한다.
▶ 장소 :

교실	체육교실	체육관	운동장

▶ 상세준비물 : **미션활동지, 훌라후프**

#체력활동 #가위바위보 #미션_친교활동	▾	Q

❶ 5. 다리 뻗기와 뒤뛰기등 다양한 체력요소로 시작한다

❷ 9. 미션 팔꿈치로 이름쓰기 점검하고 확인하기.

❸ 3번 연속 미션을 승리해 가위바위보 여왕으로 초대

❹ 13. 다양한 뜀뛰기 활동으로 변화를 주어 미션을 실시한다.

놀이 소개

체력의 요소인 유연성과 순발력 증진을 위해 다리 뻗기와 제자리 뛰기를 하면서 친
구와 자연스럽게 만나기 위한 놀이입니다. 자신이 가능한 만큼 다리를 뻗거나 제자
리 뛰기를 하며 훌라후프 앞의 친구들과 만나서 즐겁게 가위바위보를 합니다.

가위바위보에서 진 친구는 이긴 친구가 준 체력활동 미션을 실시하다 보면 자연스
럽게 운동기능이 증진되고 친교활동이 일어나 운동기능과 즐거움을 함께 얻을 수
있는 놀이입니다. 친구의 훌라후프 앞에 다가갈 때 다리 뻗기와 제자리 뛰기를 해야

하지만 유연성과 순발력이 부족한 친구들은 걷기나 가능한 만큼의 뻗기와 뛰기로 갈 수 있게 허용합니다. 친구를 배려하고 격려하면서 모두가 부담 없이 활동에 참여하고 즐겁게 즐길 수 있는 놀이입니다.

① 20m × 10m 경기장을 만들고 마주 보고 훌라후프를 배치한다.
  - 훌라후프는 맞은편에 있는 친구를 찾아갈 때 위치의 기준이 된다.
② 처음은 남학생(A 팀, B 팀)끼리, 여학생(A 팀, B 팀)끼리 마주 보고 팀을 나눈다.
③ 두 번째 활동은 남학생(A 팀)과 여학생(B 팀)으로 마주 보고 팀을 나눈다.
④ 마지막 활동은 팀을 나누지 않고 자유롭게 섞여서 활동한다.
⑤ 놀이 전 미션활동지를 종이에 적어 준비한다.
  예) 친구의 장점 3가지 찾아서 칭찬하기, 팔꿈치로 이름쓰기(자기 몸 절반의 크기로), 친구
  등 두드려주는 안마 20초 동안 하기, 3번 인사하며 "감사합니다", "존경합니다.", "사랑
  합니다." 큰 소리로 말하기

<첫 번째 활동(남녀 따로) 경기장>   <두 번째 활동(남녀 모두) 경기장>

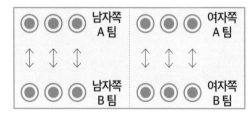   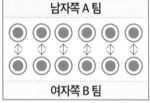

① 첫 번째 활동은 남학생(A 팀, B 팀)끼리, 여학생(A 팀, B 팀)끼리 마주 보고 팀을 나누어 미션 친교활동을 시작한다.
② 두 번째 활동은 남학생(A 팀)과 여학생(B 팀)으로 마주 보고 팀을 나누어 미션 친교활동을 시작한다.

③ 시작 신호에 맞춰 A 팀이 B 팀에 다가가 친구와 가위바위보를 하고, 이긴 친구는 진 친구에게 미션활동지를 보여주고 실시한다.

④ 첫 만남 후 A 팀 자리로 돌아온 다음에 두 번째는 첫 만남을 한 친구 옆 친구에게 다가가서 활동을 반복한다.

⑤ 가위바위보를 졌지만 3가지 미션을 먼저 한 친구를 뽑아 활동(동작 등) 느낌을 말하게 한다.

⑥ 가위바위보를 3번 계속 이기고 미션을 시킨 사람은 따로 뽑아 가위바위보 왕과 여왕으로 뽑아 칭찬한다.

⑦ 남학생과 여학생을 섞어서 활동할 때는 가위바위보를 5번 먼저 이긴 사람을 왕과 여왕으로 뽑아 칭찬한다.

놀이 Tip

• 미션활동지를 제시할 때 정중하게 말하고 보여주며, 정확한 동작으로 미션활동을 할 수 있게 합니다.

• 친교활동 후 자리로 돌아올 때도 정확한 동작으로 체력활동을 하면서 돌아옵니다.

• 한 발 뛰기, 점프 무릎 들기, 점프 엉덩이 치기, 갤로핑 스텝 등 다양한 뜀뛰기 체력 요소로 다가갈 수 있도록 제시합니다.

스택스 컵 쌓기 놀이

활동영상 보러가기

▶ 학년 : 3~4학년군
▶ 핵심성취기준 : [4체01-02] 다양한 운동 수행을 통해 체력 향상과 건강한 생활을 경험한다.
▶ 장소 : | 교실 | 체육교실 | 체육관 | 운동장 |
▶ 상세준비물 : 원마커, 스택스 컵 또는 우유갑 12개, 팀조끼, 홀라후프

#유연성_다리뻗기 #이어주기_협동심 #컵쌓기_집중력 ▾ 🔍

1. 출발선 뒤에 3팀으로 앉아서 대기한다.

4. 마지막 주자까지 원마커를 밟고 다리를 뻗어 연결한다.

5. 마지막 주자가 팀명을 외치면 스택스컵을 전달한다.

6. 3-6-3 쌓은 후 팀명을 외치고 반대로 전달한다.

놀이 소개

건강 체력의 하나인 유연성 운동을 하며 협동심을 기르고, 집중력을 높일 수 있는 팀 협동 놀이입니다. 모든 팀이 다리를 뻗어 팀원이 모두 연결되면 출발선에 있는 스택스 컵을 한 개씩 전달합니다. 이러한 방식으로 마지막 주자가 받아 스택스 컵 3-6-3쌓기를 완성한 후 팀명을 외칩니다. 심판이 확인하면 스택스 컵을 한 개씩 옮겨 원래의 출발선에 먼저 12쌓기를 하면 이기는 놀이입니다.

정해진 기준선을 넘어야 하기 때문에 자신이 가진 기능만큼 최대한 스트레칭을 하

면서 친구들과 협동하여 스택스 컵을 전달할 수 있습니다. 그리고 유연성이 부족한 친구를 배려하면서도 각자의 능력과 장점을 극대화하여 자연스럽게 유연성을 익히고 협동심을 기를 수 있는 놀이입니다.

놀이 전 준비

① 15m × 9m(3m, 3m, 3m) 경기장을 만들고 세 팀으로 나눈다.
② 팀별(6~8명)로 출발점 뒤에 원마커 1개씩 가지고 일렬로 선다.
③ 출발선 앞의 훌라후프에 스택스컵 12개를 12쌓기로 준비한다.
④ 출발선 반대편에 스택스 컵 3-6-3쌓기를 할 훌라후프를 준비한다.

<경기장>

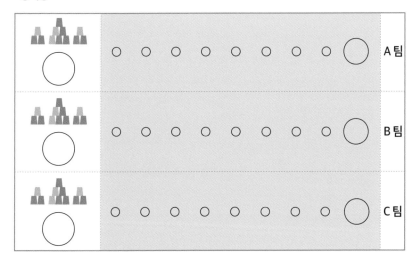

놀이 방법

① 각 팀 1주자들은 출발점에서 원마커 1개를 다리 뻗기 가능한 만큼 던져 놓고 다리를 뻗는다.
② 2주자부터 앞 주자의 원마커에 연결해 1주자와 같은 방법으로 원마커를 던지고 다리를 뻗어 이어준다.
③ 각 주자 간에 발이 떨어지면 반칙이 되고 다시 연결되면 다음 주자가 이어준다.

④ 시작 신호에 맞춰 첫 번째 주자부터 마지막 주자까지 발을 연결해서 팀명을 외치고 스택스 컵을 전달한다.

⑤ 스택스 컵을 전달해서 3-6-3쌓기를 완성하면 팀명을 외치고, 확인되면 처음 위치로 한 개씩 12개를 모두 전달한다.

⑥ 스택스 컵 12개를 처음 위치로 모두 옮기고 팀명을 외친 후 팀원이 모두 들어와 먼저 줄을 선 팀이 승리한다.

놀이 Tip

- 심판은 주자들의 발이 연결되었는지 확인하고 반칙이 일어나지 않게 주의사항을 말해 주면서 놀이 진행을 돕습니다.
- 스택스 컵을 쌓다가 무너진 팀은 마지막 주자가 무너지기 전의 모양으로 쌓은 후에 놀이를 계속 진행할 수 있습니다.
- 주자 간 다리 뻗기 연결 시 심한 자극이 되지 않게 앉아서 연결하여 진행합니다.
- 우유갑, 종이컵, 요거트 컵 등을 사용하여 다양한 쌓기 놀이를 진행합니다.
- 집중력을 높이기 위해 정해진 시간 동안 많은 블럭을 옮기면 승리하는 놀이로 진행합니다.

주사위 숫자 이어달리기

활동영상 보러가기

▶ 학년 : 3~4학년군
▶ 핵심성취기준 : [4체01-02] 다양한 운동 수행을 통해 체력 향상과 건강한 생활을 경험한다.
▶ 장소 : | 교실 | 체육교실 | 체육관 | 운동장 |
▶ 상세준비물 : 공, 훌라후프, 주사위, 라바콘, 팀조끼

#주사위_숫자 #이어달리기_협동심 #공줍기_민첩성

1. 20m×12m(4m, 4m, 4m) 경기장을 만듭니다.

3. 1주자는 2주자가 던진 주사위 점수의 공을 가져온다.

8. 주사위가 멈추면 숫자를 확인하고 말한 후 출발한다.

8. 주사위가 멈춘걸 확인하고 해당 점수를 거져온다.

놀이 소개

민첩성을 기르기 위해 주사위를 던져서 나온 숫자에 따라 정해진 점수의 공을 가져오는 놀이입니다. 각 팀의 주자가 순서대로 주사위를 던져서 나온 숫자에 따라 해당 지역에 놓여 있는 훌라후프의 공을 가져오는 놀이로 마지막 주자까지 먼저 들어온 팀이 이기는 놀이입니다. 각 주자별 운동기능에 따라 승패에 큰 영향을 주지만, 주사위의 숫자가 나오면 멀리 왕복하는 대신 큰 점수의 공을 가져올 수 있어 운동기능이 부족한 학생도 적극적으로 놀이에 참여할 수 있는 놀이입니다.

① 20m × 12m(4m, 4m, 4m) 경기장을 만들고 두 팀으로 나눈다.
② 심판 2명은 일정 높이로 주사위를 던지고, 주자 간 터치가 정확하게 일어나게 보조한다.
③ 라바콘에 주사위를 던져 나온 숫자 1·2, 숫자 3·4, 숫자 5·6을 붙여서 1점 공, 2점 공, 3점 공 위치를 표시한다.

<경기장 >

○ 3점공	○ 2점공	○ 1점공	○ A 팀 홀라후프 ←	● 주사위	A 팀 대기	4m
라바콘에 숫자 5, 6 붙이기	라바콘에 숫자 3, 4 붙이기	라바콘에 숫자 1, 2 붙이기	← 경기진행 방향			4m
○ 3점공	○ 2점공	○ 1점공	○ B 팀 홀라후프 ←	● 주사위	B 팀 대기	4m

20m

① 1주자들은 각 팀 주사위를 던져 나온 숫자에 해당하는 점수의 공을 가져와 팀 홀라후프에 놓고 2주자와 터치한다.
② 2주자부터 마지막 주자까지 이어달리기가 끝나면 높은 점수를 얻은 팀이 승리한다.
③ 각 주자는 앞 주자와 정확한 터치가 이루어지면 다음 주자가 주사위를 던져 나온 숫자를 말하고 출발한다.
④ 점수와 별도로 먼저 들어온 팀에게 추가 점수를 부여해 최선을 다해 놀이에 참여하게 한다.
⑤ 홀라후프에 있는 1, 2, 3점의 공을 흐트러뜨리고 가져오면 반칙을 알리고 정리해서 들어오게 한다.
⑥ 주사위는 출발선 앞 정해진 위치에서 던지며, 앞으로 미리 나가면서 던지면 반칙임을 알려준다.

⑦ 훌라후프에 있는 1, 2, 3점의 공은 1개씩만 가져오게 한다.

⑧ 심판은 주자들이 주사위를 정확한 위치에서 던지고 나온 숫자를 말하면서 출발하는지를 확인한다.

⑨ 심판은 주자들이 상대 팀의 경기에 방해가 되지 않게 구역에서 달릴 수 있게 안내하고 확인한다.

놀이 Tip

• 놀이하기 전후에 다리와 발목을 충분히 스트레칭하여 부상을 예방합니다.

• 심판은 주자들을 확인하고 반칙이 일어나지 않게 주의사항을 수시로 얘기해 놀이 진행을 돕습니다.

• 주사위가 멈추면 숫자를 확인하고 달릴 수 있게 안내합니다.

• 1, 2, 3점의 공을 1개씩만 제공하고 한 개의 주사위를 던져 2팀이 경쟁적으로 놀이를 진행할 수 있습니다.

• 공 외에도 종이컵, 신문지 뭉치, 우유갑, 셔틀콕 등으로 대신할 수 있습니다.

징검다리 건너 공 줍기

활동영상 보러가기

▶ 학년 : 3~4학년군
▶ 핵심성취기준 : [4체01-02] 다양한 운동 수행을 통해 체력 향상과 건강한 생활을 경험한다.
▶ 장소 : | 교실 | 체육교실 | 체육관 | 운동장 |
▶ 상세준비물 : 원마커, 공이나 콩주머니, 접시콘, 팀조끼

#순발력_점프하기 #연결하기_릴레이_협동 #중심잡기_공 줍기 ▼ 🔍

1. 20m×10m 경기장을 준비한다.

8. 마커 2개를 사용하고 들어오면 2주자가 출발한다.

무릎이 닿으면 반칙을 알림
13. 주자는 징검다리를 이용한 후 마커를 던지고 공을 줍는다.

15. 각 팀의 공을 확인하고 승패를 결정한다.

놀이 소개

건강 체력의 하나인 순발력을 기르기 위해 원하는 거리의 원마커로 뜀뛰기하여 손뻗어 공 줍기 하는 놀이입니다. 자신이 가진 능력만큼 제자리 멀리뛰기를 하면서 자연스럽게 순발력을 익히고 운동기능이 부족한 친구도 각자의 역할을 수행하여 즐거움을 함께 얻을 수 있는 놀이입니다.

기본적인 순발력은 운동신경이 좋은 친구에게 유리하지만, 운동신경이 부족한 친구도 작은 공이나 콩주머니를 최대한 집을 수 있게 징검다리 간격을 조절하여 원

마커를 던지고 점프해서 득점할 수 있기 때문에 순발력이 부족한 친구들도 즐겁게 참여하고 함께 즐길 수 있는 놀이입니다.

놀이 전 준비

① 20m × 10m 경기장을 만들어 마주 보고 두 팀으로 나눈다.
② 팀별(6~8명)로 출발점 뒤에 원마커 1~2개씩 가지고 일렬로 선다.
③ 각 팀의 마지막 주자가 상대방 경기장에 작은 공을 흩뿌려 설치한다.

<경기장>

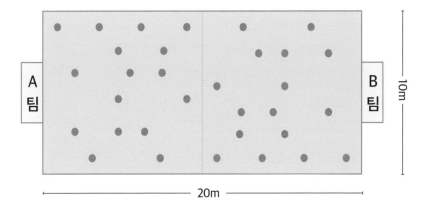

놀이 방법

① 팀별 주자(6~8명)가 순서대로 출발점에서 원마커 1개를 던지고 점프해서 시작한다.
② 각 팀 출발점으로부터 한 명씩 가능한 거리에 원마커를 던지고 원마커 위로 점프한 후 작은 공을 줍는다.
③ 2번 주자부터는 앞 주자의 원마커까지 징검다리처럼 점프하여 원마커를 던지고 손 닿는 위치의 작은 공을 모두 줍는다.
④ 징검다리 마커가 닿지 않으면 내 마커로 점프 가능한 곳에 던져 징검다리로 연결하며 놀이를 계속한다.

⑤ 일렬로 길게만 나아가지 않고 중간에서 가지치기하듯 옆으로 연결할 수 있다.

⑥ 마지막 주자까지 모두 점프해서 공을 주워오면 공의 개수가 많은 팀이 승리한다.

⑦ 공의 개수로 승패가 가려지지 않으면 먼저 들어온 팀이 승리한다.

⑧ 각 주자는 경기장에 엎드리거나 무릎을 꿇고 작은 공을 주울 수 없다.

놀이 Tip

- 앞 주자가 가능한 공을 줍고 들어오면 다음 주자가 출발합니다.
- 시도실패(원마커를 벗어나거나 넘어짐)가 발생하면 주자가 점프한 마커에서 다시 점프로 시작합니다.
- 뿌려진 공 배치를 확인하고 각 팀별 전략을 수립하여 순서를 정해 놀이할 수 있게 사전에 회의 시간을 줍니다.
- 콩주머니, 신문지 뭉치, 솜털공, 셔틀콕 등 각종 공을 사용해 진행합니다.
- 숫자와 '+, -, ×, ÷'를 배치하여 사전에 주어진 값을 구할 수 있게 활용해도 좋습니다.

다리 뻗어 협동 공 줍기

활동영상 보러가기

▶ 학년 : 3~4학년군
▶ 핵심성취기준 : **[4체01-02] 다양한 운동 수행을 통해 체력 향상과 건강한 생활을 경험한다.**
▶ 장소 : | 교실 | 체육교실 | 체육관 | 운동장 |
▶ 상세준비물 : 다양한 공, 원마커, 팀조끼

#유연성_스트레칭 #이어주기_협동심 #영역놀이

2. 각 팀이 나눠지면 2팀씩 경기팀을 정한다.

6. 빠르게 연결하여 상대팀보다 먼저 공을 줍고 영역을 넘는다.

8. 상대팀의 공은 떨어뜨린 공이라도 주울 수 없고 반칙이 된다

9. 경기가 끝나고 주운 공을 확인해 승리팀을 결정한다.

놀이 소개

유연성을 기르기 위해 게임을 통해 스트레칭을 생활 속에서 자연스럽게 실천하기
위한 놀이로서 팀원의 운동 기능까지 고려해 배려와 협동심을 키울 수 있는 활동
입니다. 다리 뻗기를 하면서 유연성을 높이고 이어주기를 하면서 협동심을 발휘하
며, 자신의 유연성 범위의 공을 주우며 영역에 대한 이해를 배울 수 있는 놀이입니
다. 팀원이 가진 기능만큼 나아갈 수 있기 때문에 놀이 전에 전략을 세우고 시작할
수 있어 팀원을 배려하며 최대한의 결과를 낼 수 있는 유연성 영역놀이입니다.

① 20m × 10m 이상 경기장을 만들고 출발선 쪽에 두 팀으로 나눈다.

② 팀별(6~8명)로 출발점 뒤에 원마커 1개씩 가지고 일렬로 선다.

③ 각 팀의 대표가 공평하게 경기장에 공을 골고루 흩뿌려 설치한다.

<경기장>

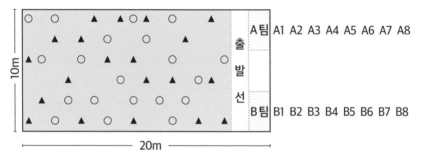

① 팀별(6~8명)로 출발선 뒤에서 원마커 1개씩 가지고 일렬로 선 후 시작 신호에 맞춰 동시에 출발한다.

② 각 팀 출발선으로부터 한 명씩 가능한 거리에 원마커를 던지고 다리 뻗기로 영역을 확보한 후 주변 공을 줍는다.

③ 2주자는 1주자의 원마커를 밟고 자신의 원마커을 던져 영역을 확보하면서 주변의 공을 모두 줍는다.

④ 3주자부터는 상대방보다 넓게 영역을 확보하면서 전략적으로 상대의 영역 확보를 견제하며 경쟁적으로 진행한다.

⑤ 상대방과 신체 접촉하는 것은 반칙으로 규정하고 먼저 영역을 확보한 팀에게 우선권을 인정한다.

⑥ 원마커에서 발이 떨어지면 심판이 실패를 알려주고 연결이 되면 진행을 시킨다.

⑦ 공을 주울 의도 없이 방해할 목적으로만 상대의 방향을 몰 수 없도록 안내한다.

⑧ 마지막 주자까지 모두 연결한 후 주운 공의 개수로 승패를 결정한다.

⑨ 다양한 시도로 전략적인 경기 진행을 유도하기 위해 승패 결정과 별도로 팀별로 확보한 영역을 확인하고 칭찬한다.

놀이 Tip

- 영역을 확보하기 위한 경쟁적인 놀이지만 작전회의를 통해 전략적으로 놀이에 참여하여 협동심을 키우게 합니다.
- 경기장에 뿌려진 공을 확인하고 다양한 전략을 세울 수 있게 회의시간을 줍니다.
- 주자들은 놀이 진행을 확인하고, 유리한 상황으로 만들기 위해 전술적으로 작전을 수정하며 놀이를 진행하게 합니다.
- 경기 후 놓인 원마커를 확인하고 이동한 모양으로 팀별로 확보한 영역을 비교할 수 있게 합니다.
- 콩주머니, 솜털공, 우유갑 등을 사용해 다양한 점수를 부여해 놀이할 수 있습니다.

아나공 수업

아나공 수업의 아나공은 '아나'와 '공'의 합성어로 체육시간에 공을 주고 학생들끼리 놀게 하는 상황을 말합니다. '아나'는 경상도 사투리로 '여기'를 뜻하며 교사가 "여기 공 있으니 놀아."라는 뜻으로 말하는 것을 빗대어 '아나공'이라고 명명되었습니다. 결국 아나공 수업이란 공 몇 개 던져주고서는 학생들끼리 하고 싶은 것을 하며 놀도록 내버려두는 형태의 수업으로 정해진 시간을 학생들 스스로 재미있게 때우는 경우가 대부분입니다.

체육교육학에서 아나공 수업은 일제식 수업과 더불어 가장 고질적인 병폐중 하나로 꼽습니다. 일제식 수업이 교사 위주의 학생들의 엄격한 통제, 창의적 학습보다는 복종을 통한 학습이 이루어진다는 단점이 있다면, 아나공 수업은 교사 편의에 의한 직무유기라는 지적을 받습니다.

여기서 생각해 볼 문제가 있습니다. 학생들이 가장 좋아하는 체육수업은 무엇일까요? 아이러니하게도 바로 아나공 수업입니다. 학생들은 자유롭게 게임을 하고, 힘들고 지루하고 재미없는 단계별 학습활동을 하지 않아도 되며, 스스로 자발적인 참여를 할 수 있으니 학생 입장에서는 얼마나 좋은 수업인가요.

그렇다면 교사에게 가장 편한 체육수업은 무엇일까요? 이 또한 바로 아나공 수업입니다. 긍정적인 모습만 본다면 학생들이 즐거워하며, 교사의 간섭 없이 학생들 스스로 진행을 하니 이 또한 배움이 아닐까 싶습니다.

아나공 수업을 무조건 부정적인 모습으로만 보지 말고, 다음과 같은 전제를 가지고 체육수업을 진행해보면 어떨까요?

- 교육과정상 학습해야 할 내용들을 수행한 후에 그와 관련된 게임 등에 자율성을 부여하기
- 기능을 배우는 활동 또한 학생들이 즐겁게 참여할 수 있도록 게임 형태로 변형하기
- 교육과정을 충실히 수행한 이후 담임 재량시간 등에 학생들에게 어떤 활동을 할지 협의할 시간을 주고 관련된 교구를 제공한 후 자유롭게 게임을 할 수 있는 시간 주기

이렇게 된다면 꼭 아나공 수업이 아닐지라도 학생들이 즐겁게 체육활동을 할 수 있습니다. 아나공 수업이 매 시간마다 공을 던져주고 방치하는 개념이라면 퇴출 1순위가 맞지만, 교육과정을 이수하고 자율적으로 경쟁 활동 등을 할 수 있는 기회를 종종 부여하는 것도 아나공 수업이라면 그때의 아나공 수업까지도 체육수업의 병폐 중 하나로 꼽아야 할까요?

CHAPTER 02

건강체력
놀이
(#5학년)

풍선을 옮겨라!

활동영상 보러가기

▶ 학년 : 5~6학년군
▶ 핵심성취기준 : [6체01-02] 건강을 유지하기 위한 체력 운동을 선택하고 자신의 수준에 맞게 계획을
세워 실천한다.
▶ 장소 : | 교실 | 체육교실 | 체육관 | 운동장 |
▶ 상세준비물 : 풍선, 우유상자

| #복근운동_王자 #근지구력_다리 #협력 ▾ | Q |

3. 발로 풍선을 잡고 다리 돌려 옆으로 전달한다.

5. 마지막 학생은 풍선을 우유상자에 넣는다.

6. 모든 학생이 풍선을 방 끝까지 자리를 바꾸며 계속한다.

4. 공을 넣으면 자리를 1칸씩 옆으로 옮긴다.

놀이 소개

두 발로 풍선을 잡아 옆에 있는 친구에게 전달하는 놀이로서 2~3팀으로 나눠 대결
하는 협력 놀이입니다. 초등학생이 복근 및 다리 운동을 할 수 있는 기회는 드뭅니
다. '풍선을 옮겨라' 놀이를 통해 자연스럽게 복근 및 다리 운동을 하게 만드는 것은
어떨까요?

● 놀이 1)

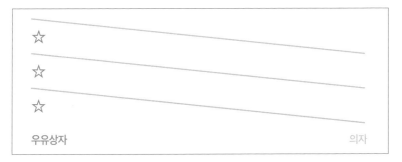

① 의자를 8개씩 대각선으로 길게 3줄로 놓는다(또는 12개씩 2줄로 놓는다.).

② 각 팀의 마지막 학생이 앉는 의자 앞에는 우유상자를 1개씩 놓는다.

③ 팀별로 의자에 앉는다.

④ 선생님은 풍선이 터질 것을 대비하여 예비용 풍선을 준비한다.

● 놀이 2)

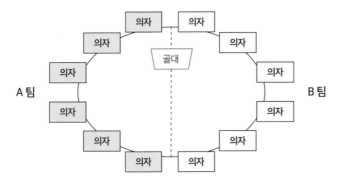

① 의자를 원형으로 배치한다.

② 학생들을 두 팀으로 나누고 원을 반으로 나눠서 한 쪽은 A팀, 다른 쪽은 B팀이 앉는다.

③ 각 팀의 마지막 학생 앞에는 골대를 놓는다.

  - 골대 만드는 법 : 우유상자 위에 펼친 우산을 거꾸로 올려놓는다.

- 골대 1개를 만들어 두 팀이 같이 사용한다.

놀이 방법

● 놀이 1)

① 첫 번째 학생부터 두 발로 풍선을 잡고 다리를 옆으로 돌려 친구에게 풍선을 전달한다.
   - 반드시 다리로 풍선을 잡으며, 바로 옆 친구를 건너뛰면 반칙이다.
   - 풍선을 바닥에 떨어뜨릴 경우, 떨어뜨린 학생부터 다시 시작한다.
② 마지막 학생은 풍선을 두 발로 잡아 우유상자 안에 넣는다.
   - 성공하면 마지막 학생은 풍선을 들고 첫 번째 자리로 가서 경기를 이어간다.
     (1번 학생은 2번 자리로, 2번 학생은 3번 자리로 가는 방식으로 자리를 한 칸씩 옆으로 이동)
③ 8명의 학생이 자리를 바꿔가며 모두 풍선을 넣을 때까지 경기를 진행한다.
   - 선생님은 학생이 득점할 때마다 점수를 알려준다.

● 놀이 2)

① 두 발로 풍선을 잡아 옆에 있는 친구에게 전달한다.
② 팀 내 풍선이 중간쯤 지나가면 1개를 더 투입하여 팀당 풍선 2개로 진행한다.
③ 마지막 학생이 우산 안에 풍선을 넣는다.
   - 손을 사용하면 반칙이다.
④ 골인 후, 마지막 학생은 풍선을 들고 첫 번째 자리로 이동하여 경기를 이어간다.
   - 골을 넣으면 자리를 한 칸씩 옆으로 옮긴다.
⑤ 돌아가며 풍선을 먼저 넣은 팀이 승리한다.
   - 모든 학생이 한 번씩 풍선을 넣어야 한다.

놀이 Tip

• 풍선을 치지 않고 다리로 잡아서 전달합니다.
• 팔은 사용할 수 없습니다(핸들링 파울).
• 먼저 끝낸 팀은 상대 팀이 모두 골을 넣을 때까지 응원하며 기다립니다.

운동장 ⊕ **팀조끼**

좀비 사냥꾼 놀이

활동영상 보러가기

▶ 학년 : 5~6학년군
▶ 핵심성취기준 : [6체01-02] 건강을 유지하기 위한 체력 운동을 선택하고 자신의 수준에 맞게 계획을 세워 실천한다.
▶ 장소 : | 교실 | 체육교실 | 체육관 | 운동장 |
▶ 상세준비물 : **팀조끼**

#술래잡기_얼음땡 #심폐지구력_근지구력 #평형성 ▾ 🔍

2. 3명의 학생은 사냥꾼(파랑조끼)이 되어 좀비를 잡는다.

얼음: 학다리
4. 좀비는 잡힐 것 같으면 '얼음'이라 외치며 학다리 자세를 한다

터치: 부활
5. 얼음이 된 좀비는 다른 좀비가 쳐주면 되살아난다.

시민: NO! 조끼
8. 잡힌 좀비는 시민이 되어 좀비를 피해 도망다닌다.

놀이 소개

학생들은 좀비라는 단어가 들어가면 누구나 관심을 가지죠?

'사냥꾼'은 '좀비'를 잡고, '좀비'는 '시민'을 잡는 놀이입니다(먹이사슬 : 사냥꾼 → 좀비 → 시민).

학생들이 서로 쫓고 쫓기며 즐겁게 뛰어다니는 술래잡기형 놀이입니다.

① 20m × 20m 크기의 정사각형으로 경기장을 그린다.
② 사냥꾼과 좀비는 서로 다른 색의 팀조끼를 입는다.

① 3명 정도의 학생은 '사냥꾼'이 되어 좀비를 잡는다.
② 나머지 학생은 '좀비'가 되어 두 팔을 흔들며 도망간다.
　- 처음에는 '시민' 역할을 하는 학생이 없다.
③ 좀비는 사냥꾼에게 잡히려고 할 때, "얼음!"이라고 외치며 학다리 자세로 서 있는다.
　- 학다리 자세 : 한 발을 들어 다른 쪽 종아리에 대고 양 손을 옆으로 뻗은 자세
④ 얼음이 된 좀비는 다른 좀비가 손을 쳐주면 되살아난다.
　- 한 사람당 한 손만 쳐줄 수 있고, 양손이 내려가면 부활한다.
⑤ 사냥꾼에게 잡힌 좀비는 시민이 되어 좀비를 피해 도망간다.
　- 시민은 조끼를 벗어 바구니에 넣어두고, 손을 옆에 붙인 차렷 자세로 도망 다닌다.
　- 시민은 사냥꾼 근처로 도망가 좀비의 추격을 뿌리칠 수 있다.
⑥ 좀비에게 잡힌 시민은 경기장 밖으로 나간다.
⑦ 제한시간 동안에 더 많이 살아남은 팀이 승리한다.
　- 좀비 vs 사냥꾼 + 시민
　- '좀비팀'과 '사냥꾼 + 시민팀'을 한 줄로 세워 수를 센다.

• 학생 8명당 1명꼴로 사냥꾼을 정합니다.
• 경기장 선을 넘거나 술래의 손에 옷깃만 스쳐도 잡힌 것으로 간주합니다.
• 좀비는 팔을 흔들고, 시민은 차렷 자세로 도망 다닙니다.

CHAPTER 03

운동체력
놀이
(#6학년)

굴리고 피하고 잡고 놀이

활동영상 보러가기

▶ 학년 : 5~6학년군
▶ 핵심성취기준 : [6체01-05] 운동 능력을 향상시키기 위한 체력 운동을 선택하고 자신의 수준에 맞는
계획을 세워 실천한다.
▶ 장소 :

교실	체육교실	체육관	운동장

▶ 상세준비물 : 공

#협응성 #민첩성 #부활피구_발모아잡기	🔍

1. 공격 팀은 공을 굴려 발을 맞힌다.

2. 수비 팀은 공을 피하거나 발로 잡는다.

줄서기
3. 발에 공이 맞으면 밖으로 나가 순서대로 줄선다.

4. 여학생이 공을 잡으면 2명, 남학생이 잡으면 1명 부활한다.

놀이 소개

교실에서 하는 피구입니다. 공격팀은 앉아서 공을 굴리고, 수비팀은 서서 공을 피합니다. 수비팀이 발로 공을 잡으면 부활! 공격팀이 공을 뒤로 빠뜨려도 부활! 공이 무릎 위로 올라와도 부활합니다.

선생님이 가급적 부활을 많이 시켜주어 학생들이 많이 활동할 수 있도록 유도해주세요. 3학년부터 6학년까지 모든 학생이 즐겁게 참여할 수 있는 놀이입니다.

① 두 팀으로 나눠 공격팀은 원을 그리듯 동그랗게 앉고, 수비팀은 그 원 안에 들어간다.

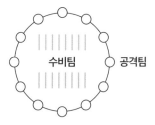

① 공격팀은 공을 손으로 굴려 수비팀의 발을 맞힌다.

  - 수비팀은 공을 피한다.

② 수비팀 학생은 발에 공이 맞으면 원 밖으로 나가 순서대로 줄을 선다.

③ 수비팀이 두 발을 모아 공을 잡으면, 같은 팀 1명이 부활한다.

  - 공을 잡지 못하면 아웃된다.

  - 여학생이 잡으면 2명 부활한다.

④ 제한시간(5분)을 준 후, 적게 아웃된 팀이 승리한다.

⑤ 부활하는 경우 : 발로 공을 잡음, 공격팀이 공을 뒤로 빠뜨림, 수비팀 무릎 위로 공이 올라감.

⑥ 부활이 아닌 경우 : 수비팀 맞은 공을 잡음, 공이 수비팀에 맞고 원 밖으로 나감.

⑦ 아웃이 아닌 경우 : 튀는 공에 발이 맞음, 정강이(종아리)에 공을 맞음.

• 공격팀은 원을 크게 만들고 아빠다리를 합니다.

• 공격팀은 굴러가는 공을 잡기 위해 엉덩이를 떼서는 안 됩니다.

• 수비팀은 공격팀 바로 옆에서 방방 뛰지 않도록 합니다(밟힘 주의! - 앉아 있는 학생보다 안쪽에

  서 활동하도록 지도).

• 선생님은 마지막 10초 카운트다운을 합니다(남은 시간을 알림).

우유갑 나르기 놀이

활동영상 보러가기

▶ 학년 : 5~6학년군
▶ 핵심성취기준 : [6체01-05] 운동 능력을 향상시키기 위한 체력 운동을 선택하고 자신의 수준에
맞는 계획을 세워 실천한다.
▶ 장소 :

교실	체육교실	체육관	운동장

▶ 상세준비물 : **우유갑, 우유상자, 모둠바구니, 의자**

#평형성_균형잡기 #비사치기 #우유갑

1. 발등에 우유갑을 올려 나른다.

3. 발을 올려 높은 위치에서 우유갑을 넣는다.

4. 외동아와 친구와 교대한다.

6. 바구니에 넣지 못하면 우유갑은 떨어진 채로 둔다.

놀이 소개

전래놀이 중 비사치기 놀이를 아시나요? 이 놀이는 비사치기를 변형한 놀이로서 우
유갑을 신체 여러 부위로 날라 우유상자 또는 바구니에 넣는 균형잡기 놀이입니다.
높이에 따라 점수가 다르게 부여되며, 각자의 능력에 따라 바구니를 선택해 집어넣
는 재미가 있습니다.

<경기장>

1분단	2분단	3분단
우유상자	우유상자	우유상자
☆	☆	☆

① 우유갑을 씻어서 말리고, 직육면체가 되도록 윗부분을 접는다.

② 분단별로 팀이 되어 출발선에 앉는다.

③ 팀별로 바구니 3개를 맞은편에 놓는다.

- 의자, 책상, 책 등을 이용하여 바구니 3개의 높이를 달리한다.

※ 놀이 순서 : ① 발등 → ② 무릎 → ③ 배(가슴) → ④ 어깨 → ⑤ 머리(이마)

● 놀이 1)

① 신체 부위에 우유갑을 올려 나른다(무릎 부위는 양 무릎 사이에 끼워 나름).

- 팔을 벌려 균형을 잡으면 좀 더 쉽게 옮길 수 있다.

- 우유갑을 떨어뜨리면 떨어진 위치에서 다시 시작한다.

② 우유갑을 바구니에 넣는다.

- 낮은 바구니부터 차례대로 1점, 2점, 3점을 부여한다.

- 슛은 단 1번으로 우유갑을 바구니에 넣지 못하면 떨어진 채로 놔둔다.

③ 슛을 하고 되돌아와서 친구와 교대한다.

④ 팀별로 우유갑의 개수를 세어 점수를 계산한다.

- 바른 자세로 먼저 앉은 팀에게 보너스 점수를 준다.

● 놀이 2)

① 우유갑을 무릎(허벅지) 사이에 끼워 나른다.

② 우유상자 앞에 도착하면 우유갑을 손으로 잡고 무릎 위에 올려 슛을 한다(슛은 단 1번의 기회!).

놀이 Tip

• 의자, 책상 등을 이용해 높이를 바꾸며 난이도를 조절합니다.

• 양 발목 사이, 겨드랑이, 등, 뒷목 등의 신체 부위를 사용할 수 있습니다.

• 재미를 더하기 위해 제비뽑기로 신체 부위를 정할 수도 있습니다.

징검다리 건너기 놀이

활동영상 보러가기

▷ 학년 : 5~6학년군
▷ 핵심성취기준 : [6체01-05] 운동 능력을 향상시키기 위한 체력 운동을 선택하고 자신의 수준에
맞는 계획을 세워 실천한다.
▷ 장소 :

교실	체육교실	체육관	운동장

▷ 상세준비물 : 원마커

#징검다리 #균형잡기 #협력놀이_분단

1. 원마커를 던지고 밟으며 이동한다.

3. 원마커 이외의 부분을 밟으면 다시 시도한다.

4. 맞은편에 있는 친구와 교대한다.

6. 먼저 도착하여 앉아 있는 팀이 이긴다.

놀이 소개

원마커 2개를 뗏목처럼 사용하여 강을 건너는 놀이입니다. 당연히 강에 빠지지 않
도록 원마커만 밟고 이동해야겠죠? 뒤에 있는 원마커를 앞으로 옮기며 한 발씩 전진
합니다. 마치 이어달리기를 하듯, 반대편으로 이동하여 우리 팀 친구에게 배턴 터치
를 하는 놀이입니다.

<경기장>

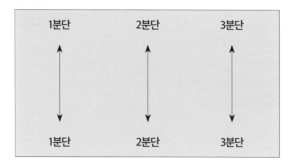

① 분단별로 팀을 나누고, 각 팀을 두 모둠으로 나눠 출발선과 결승선에 각각 앉는다.
② 각 모둠은 한 줄로 앉는다.

① 각 팀의 첫 번째 주자는 원마커 2개를 던지고 밟으며 맞은편으로 이동한다.
  - 뒤에 있는 원마커를 앞으로 옮기며 전진한다.
② 원마커 이외의 부분을 밟으면 다시 시도한다.
  - 강에 손이 빠져도 다시 시도한다.
③ 맞은편에 있는 친구 앞에 도착하면 하이파이브를 하며 교대한다.
④ 강을 건너 먼저 도착하여 앉은 팀이 이긴다.
  - 팀원 모두 한 번씩 강을 건너야 한다.

- 난이도를 높이기 위해 비석을 어깨에 올리고 건너가게 합니다(비석으로 배턴 터치!).
- 원마커 대신 폐교과서 또는 종이를 사용해도 됩니다.
- 원마커를 발로 끌며 이동하지 않습니다(손으로 옮기기).
- 원마커 이외의 곳에 손이나 발이 닿으면 안 됩니다.
- 모든 팀이 다 끝낼 때까지 응원하며 기다립니다.

놀이터 술래잡기

활동영상 보러가기

▶ 학년 : 5~6학년군
▶ 핵심성취기준 : [6체01-05] 운동 능력을 향상시키기 위한 체력 운동을 선택하고 자신의 수준에 맞는 계획을 세워 실천한다.
▶ 장소 : | 교실 | 체육교실 | 체육관 | **운동장** |
▶ 상세준비물 : **줄넘기 , 솜털공(팀조끼)**

#평형성 #놀이터_놀이기구 #고전놀이 ▾ 🔍

1. 술래는 10초를 센 후 친구를 잡는다.

2. 테두리에 놓인 모래주머니만 밟는다.

3. 줄넘기 위에서는 한 발로 걷는다.

6. 줄넘기로 연결한 놀이기구는 이용가능하다.

놀이 소개

놀이터 테두리에 둘러놓은 돌 위에서 하는 술래잡기입니다. 술래는 친구들을 잡고, 친구들은 테두리에 둘러놓은 돌만 밟으며 도망갑니다. 다만, 모래 위에 놓여 있는 줄넘기를 한 발로 밟고 정글짐, 구름사다리, 미끄럼틀 등으로 옮겨갈 수 있습니다. 오랜만에 놀이터 놀이기구를 이용해 보는 것은 어떨까요?

<경기장>

① 줄넘기를 이용해 테두리 돌과 놀이기구를 연결하여 길을 만든다.
② 술래 1명을 정하고, 술래는 솜털공(팀조끼)을 한 손에 잡는다.

① 술래는 제자리에서 10초를 크게 세고 친구들을 잡는다.
② 술래와 피하는 학생들은 테두리에 놓인 돌을 밟고 이동하거나 줄넘기를 한 발로 건너 다른 곳으로 옮겨 갈 수 있다.
 - 테두리 돌, 줄넘기, 놀이기구 이외의 곳을 밟으면 안 된다.
 - 줄넘기로 연결된 놀이기구에서 자유롭게 돌아다닐 수 있다.
③ 술래의 손에 닿으면 술래가 바뀐다.
 - 술래는 피하는 친구를 가급적 살살 터치한다.
 - 바뀐 술래는 솜털공(팀조끼)을 돌려받고 10초를 크게 천천히 세고 출발한다.

• 술래는 줄넘기 위에서 한 발 또는 두 발로 다닙니다.
• 발목이 꺾일 우려가 있으므로 활동 전 반드시 발목운동을 합니다.
• 뒤에서 친구를 밀지 않도록 합니다.
• 자신의 뒤에 있는 친구를 술래에게 잡히게 하려고 길을 막고 멈춰 있으면 반칙입니다.

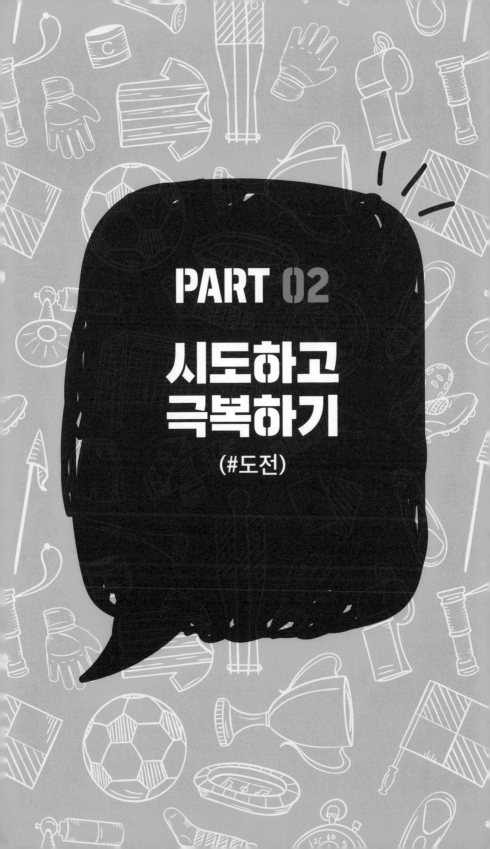

왜 놀이체육인가?

몇 년 전부터 중국발 미세먼지로 인해 체육관이 없어 체육수업을 할 수 없거나 활동하는 데 제한적인 상황이 많이 벌어지고 있습니다. 부랴부랴 체육관을 짓거나, 아쉬운 대로 학교에 비는 유휴 교실을 이용해 실내 체육실을 만들고 있으나 당분간은 실외수업이 어려운 경우가 생길 것입니다. 그렇다면 이런 상황에서 체육수업을 진행할 수 있는 방법은 없을까요? 날씨와 시간, 공간 등에 크게 영향을 받지 않으면서도 아이들의 신체활동량을 늘리는 방법은 없을까요?

2000년대 전까지의 엘리트 체육, 대회 중심에서 2000년대 초반 뉴스포츠 종목이 도입, 보급되면서 학생들의 학교 체육활동에서 다양한 시도와 간단하면서 쉽게 접목할 수 있는 게임적 요소를 넣은 체육활동이 늘고 있습니다. 실제 2009 개정 교육과정, 2015 개정 교육과정의 초등 체육교과서와 지도서를 살펴보면 7차 교육과정에 비해 학생의 흥미와 놀이적 요소가 많이 가미된 활동, 그리고 그림과 설명 삽화 등이 개선되면서 보기 쉽고 알기 쉽게 들어가 있는 점이 눈에 띕니다.

그러나 학교 현장과 학교스포츠클럽 대회에 나가보면, 학생들에게 다가가기 쉽고 안전하게 만들었다는 뉴스포츠 종목에서도 선생님들조차 이해하기 어렵다는 반응이 많습니다. 티볼 같은 경우에는 야구를 아는 사람들도 다소 어려워하며 아예 새롭게 배워야 할 것 같다는 의견도 있으며, 쉽고 안전하며 빠르게 이해하기 위해 개발된 뉴스포츠 종목도 선생님들에게는 새롭게 배워야 될 체육 종목이 되는 것입니다.

그렇다면 놀이는 어떨까요? 기본적으로 놀이활동이라 함은 규칙, 인원, 시간과 장소에 구애받지 않고 융통성 있게 할 수 있습니다. 특히 새로운 규칙, 세밀하고 복잡한 규칙을 어려워하는 저학년, 중학년 초등학생들에게 놀이 체육은 쉽고 재미있는 체육시간이 되도록 하는 데 큰 역할을 할 것이라 생각됩니다. 최근에 학급경영에 접목한 놀이활동, 아이들의 배려와 교우관계를 좋게 하는 협동놀이 또한 놀이의 장점을 활용한 다양한 시도라고 할 수 있습니다. 아이들 또한 다양한 놀이체육활동을 통해 즐겁고 재미있는 체육수업을 한다면 이것이 바로 체육수업 활성화는 물론 고학년에서 체육을 싫어하는 학생들에게도 큰 도움이 될 것입니다.

삼국지 틱택토 놀이

활동영상 보러가기

▶ 학년 : 3~4학년군
▶ 핵심성취기준 : [4체02-02] 속도도전과 관련된 여러 유형의 활동에 참여해 자신의 기록을 향상할 수 있는 기본 자세와 동작을 찾아 도전 상황에 적용한다.
▶ 장소 :

| 교실 | 체육교실 | 체육관 | 운동장 |

▶ 상세준비물 : **교실 책상, 팀조끼**

#전략_움직임 #빙고 #순발력_놀이 🔍

놀이 소개

빙고를 먼저 맞추는 팀은 어느 팀일까요? 교실 가로 5줄 × 세로 5줄, 총 25개의 책상에서 3팀이 벌이는 빙고 놀이입니다. 우리 팀 빙고를 먼저 맞출지, 상대 팀을 막을지 생각하면서 참여하는 전략형 체육놀이활동으로 어느 팀이 빙고를 먼저 만들게 될지 흥미진진한 놀이입니다.

① 경기장을 가로 5줄 × 세로 5줄, 총 25개의 책상이 되도록 준비한다.
  - 남은 책상은 교실 벽이나 교실 밖에 옮긴다.
② 총 3팀으로 나눈다. 같은 인원수로 하는 것이 좋지만, 남는 인원이 부득이 있을 경우 인원 수가 달라도 무방하다.
③ 3가지 색의 팀조끼를 준비한다.
④ 한 팀당 6명씩 자기 팀의 팀조끼를 받는다(5명 정도도 가능).
⑤ 교실에서 팀당 위치를 정한다. 보통 TV가 있는 쪽을 제외한 3곳을 정하면 된다.

<경기장>

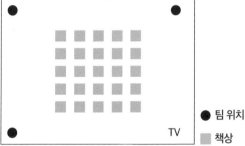

● 팀 위치
■ 책상

① 시작 신호와 함께 팀당 1명씩 빈 책상에 팀조끼를 올려놓는다.
  - 팀조끼를 떨어뜨리면 핸디캡을 적용한다(처음 자리로 가서 다시 놓기, 팔벌려 뛰기 5회 등).
② 다음 주자와 손으로 터치를 한 후 팀조끼를 원하는 곳에 놓는다.
③ 각 팀당 6명의 주자가 팀조끼를 갖고 있는데, 먼저 5개의 팀조끼를 올려놓고 한 줄 빙고를 완성한 팀이 승리한다.
④ 6명이 팀조끼를 책상에 다 놨는데도 빙고가 되지 않을 경우 계속해서 활동을 이어간다.
⑤ 다음 주자는 팀조끼 없이 나와 경기장으로 가서 자기 팀 팀조끼(공격) 또는 다른 팀 팀조끼(수비)를 다른 빈 책상으로 옮긴다.
⑥ 팀조끼를 옮기며 먼저 빙고 한 줄을 완성한 팀이 승리한다.

놀이 Tip

- 자기 팀의 팀조끼를 모두 놓은 후, 자기 팀 또는 다른 팀 팀조끼를 옮길 때 반드시 한 개만 옮길 수 있도록 합니다.
- 주자가 이동하기 전에 같은 팀원들과 간단한 전략을 말하는게 도움이 됩니다.
- 팀조끼를 거의 동시에 같이 잡은 경우, 가위바위보를 해서 이긴 학생이 먼저 옮길 수 있도록 합니다.
- 체육관이나 체육실에서는 훌라후프를 책상처럼 놓고 놀이를 할 수 있습니다.

꼬리를 잡아라!

활동영상 보러가기

▶ 학년 : 3~4학년군

▶ 핵심성취기준 : [4체02-02] 속도도전과 관련된 여러 유형의 활동에 참여해 자신의 기록을 향상할 수 있는 기본 자세와 동작을 찾아 도전 상황에 적용한다.

▶ 장소 : | 교실 | 체육교실 | **체육관** | **운동장** |

▶ 상세준비물 : **팀조끼, 접시콘**

#속도_도전 #이어달리기 #심폐지구력

1. 아이들이 원형으로 서서 경기장을 만든다.

4. 팀은 같은 수를 한쪽은 좌측, 한쪽은 우측에 배치

5. 술래는 서로 상대편을 쫓는다(반시계방향)

7. 1바퀴를 돌면 원래 자리의 오른쪽 한 친구에게 바톤을 터치한다.

놀이 소개

꼬리잡기를 이어달리기로 한다면 어떨까요? 재미있는 2가지 놀이가 만났습니다. 꼬리잡기처럼 상대 팀원을 잡으면 승리하며, 이어달리기처럼 다음 주자에게 팀조끼 배턴을 넘겨주어야 합니다. 학생들을 두 팀으로 나누어 각 팀의 주자는 서로 마주 본 상태에서 이어달리기를 시작합니다. 한 바퀴를 돌면서 다음 주자에게 팀조끼 배턴을 넘겨주기 전에 상대 팀 주자를 잡으면 승리합니다. 잡지 못하면 그 역할은 다음 주자에게 넘어갑니다. 쫓고 쫓기면서 박진감 넘치는 이어달리기형 놀이입니다.

① 경기장을 다음과 같이 설치한다.
- 학생들이 원형으로 서서 경기장(양팔 간격, 1m 정도)을 만든다.
- 학생들의 간격은 양팔 간격(1m), 원형 지름은 10m로 한다.
② 학생들이 선 발밑에 접시콘을 하나씩 놓는다(접시콘 대신 원마커도 가능).
③ 원을 반으로 나누어 절반은 A 팀, 나머지는 B 팀으로 정한다.
④ 각 팀에서 서로 마주 보는 학생 한 명을 술래로 정한다.
⑤ 술래는 배턴 대신 팀조끼를 들고 시작한다.

① 각 팀에 술래는 1명이며, 서로 마주 본 상태에서 시작한다.
- 술래는 서로 간격이 동일해야 한다.
② 선생님의 시작 신호와 함께 술래는 반시계 방향으로 돌며 서로 상대 팀을 쫓는다.
③ 술래는 한 바퀴를 도는 동안 상대 팀을 잡아야 승리한다.
④ 상대 팀을 잡지 못한 상태에서 한 바퀴를 돌면 원래 자기 자리의 오른쪽 팀원에게 손에 든 팀조끼를 전달한다.
⑤ 팀조끼를 건네주고 비어 있는 원래 자기 자리에 들어간다.
⑥ 한 바퀴씩 돌고 술래를 바꿔가며 꼬리잡기를 진행한다.
⑦ 술래가 한 바퀴를 돌기 전에 상대 팀을 잡으면 승리한다.
⑧ 상대 팀을 잡지 못한 경우, 모두가 한 번씩 술래를 하고 제자리로 먼저 들어오는 팀이 승리한다.

- 트랙이 작으면 놀이가 원활하지 않으므로 적당히 크게 만듭니다(약 지름 10m 정도 이상).
- 트랙에 서 있는 학생들이 달리는 술래를 방해하면 반칙입니다.
- 난이도는 경기장(원)의 크기를 바꾸어 조절이 가능합니다.
- 주자의 순서는 남녀 학생을 랜덤으로 섞으면 더 재미있습니다.
- 콘이 없으면 우유갑으로 대신할 수 있습니다.

주사위 달리기

▶ 학년 : **3~4학년군**

▶ 핵심성취기준 : **[4체02-02]** 속도도전과 관련된 여러 유형의 활동에 참여해 자신의 기록을 향상할 수 있는 기본 자세와 동작을 찾아 도전 상황에 적용한다.

▶ 장소 : | 교실 | 체육교실 | 체육관 | 운동장 |

▶ 상세준비물 : **주사위, 숫자 라바콘**

> #주사위_거리 #멀수록_점수_높음 #달리기_놀이 ▾ 🔍

놀이 소개

단순한 달리기는 지겨우시죠? 주사위를 활용한 달리기 놀이입니다. 주사위에 나온 숫자에 따라 숫자 라바콘까지 달려갔다 먼저 돌아오는 놀이입니다. 거리가 멀다고 속상해 하는 것은 금물, 거리가 먼 만큼 도전해서 먼저 들어오면 더 많은 점수를 얻을 수 있습니다.

놀이 전 준비

① 남학생 2줄, 여학생 2줄로 맞춰 선다

② 각 줄의 맨 앞 남학생 2명, 여학생 2명씩 출발 대기를 한다.

③ 출발선에서 1번 라바콘이 있는 거리까지 약 15m 정도 둔다.

④ 숫자가 있는 라바콘을 대각선으로 6m 정도 떨어트려 놓는다.

⑤ 주사위 4개를 놓는다(크기는 상관없음).

<경기장>

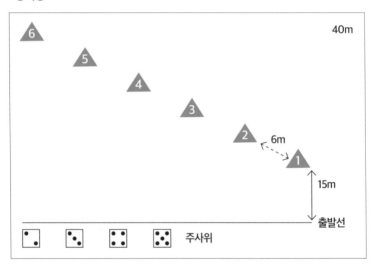

놀이 방법

① 각 줄의 첫 번째 주자가 주사위를 던진다(남 2명, 여 2명).

② 주사위에 나온 수에 해당하는 라바콘으로 달려서 돌아온다.

- 놀이 1)
  - 첫 번째 주자가 달려와서 두 번째 주자와 터치한 후, 두 번째 주자가 주사위를 던지고 나온 수만큼의 라바콘으로 출발한다.
  - 두 번째 주자가 돌아온 후, 세 번째 주자가 출발하는 식으로 릴레이 경기를 한다.

- 먼저 마지막 주자가 돌아오는 팀이 승리한다.

● 놀이 2)
- 각 주자별로 대결하여 점수를 매긴다.
- 각 팀의 주자가 달리기를 하여 먼저 들어오는 팀만 해당 점수를 득점한다.
- 마지막 주자까지 시도한 후 가장 많은 득점을 한 팀이 승리한다.

놀이 Tip

- 주사위는 학생들이 숫자를 눈으로 인지할 만큼의 크기면 충분합니다(너무 작으면 안 됨.).
- 터치를 할 때는 확실하게 해야 합니다.
- 출발선을 넘어서지 않도록 지도합니다.
- 1인 경기 외에 번외 경기로 2인 손잡기 뛰기도 할 수 있으며, 응용 버전 놀이를 다양하게 할 수 있습니다.
- 라바콘을 향해 달릴 때 학생끼리 부딪히지 않도록 주의합니다.

우리나라는 스포츠 강국?

많은 사람이 아시안게임, 올림픽에서의 금메달에 환호합니다. 은메달, 동메달을 딴 선수들이 울면서 국민들에게 죄송하다는 인터뷰를 하며 고개를 숙이는 모습을 보입니다. 다행히 요즈음에는 은메달, 동메달을 딴 선수를 비난하는 모습이 많이 줄어든 것 같습니다.

흔히 엘리트 체육이라는 이름으로 성적만을 중시하며, 어린 시절부터 새벽부터 늦은 밤까지 운동에만 몰두하는 선수들이 국제대회에서 금메달을 따려고 노력하는 모습을 보면, 대단해 보이면서도 안타까운 생각이 듭니다. 자녀에게 엘리트 체육을 시키고 있는 학부모가 현장정책토론회에 와서 "학생 선수들에게 공부할 기회를 주고, 경기 성적에 대한 부담감을 줄이기 위해 노력하고 있는 것은 알겠으나, 대안으로 실시되고 있는 교육시간 이수는 학부모의 몫입니다."라고 주장하는 것을 보면서 많은 생각을 하게 되었습니다.

대학 시절, 다른 나라에서 교환학생으로 온 여학생이 배구를 하러 체육관에 찾아온 적이 있습니다. 연습을 하는데 너무 잘해서 이런저런 이야기를 나누었던 기억이 납니다. 자신은 중학교 때부터 동아리 활동을 통해 즐겁게 운동해왔을 뿐이라고 이야기했습니다. 저는 그 말이 너무 부러웠습니다. 학교체육, 생활체육이 활성화되어 학생 때부터 취미로 꾸준히 운동할 수 있는 환경이 갖추어져 있는 것이 무엇보다 중요하다는 생각이 듭니다. 꼭 대회 우승을 위해, 대학 진학을 위해, 프로 데뷔를 위해 운동을 하는 것이 아니라 일상생활 속에서 내가 자신감이 있는 운동이 있고, 이에 지속적으로 관심을 가지고 노력을 투자할 수 있는 환경이 마련되었으면 합니다.

미세먼지가 심해지면서 최근 체육관을 새로 짓는 학교가 늘어나고 있으며, 개교하는 학교는 꼭 체육관을 가지고 있습니다. 인프라가 늘어나는 만큼 생활체육과 학교체육이 바람직한 방향으로 연계되어, 학생들이 다양한 종목에 대해 선택권을 가지고 어릴 때부터 운동할 수 있는 환경이 마련되면 좋겠습니다. 그러면 학생들의 인성 교육, 체력 증진, 사회성 발달 등 전인적인 성장에 도움이 되지 않을까요? 우리나라가 진정한 스포츠 강국으로 거듭나길 기대합니다.

뛰어라! 넘어라!

활동영상 보러가기

▶ 학년 : 3~4학년군

▶ 핵심성취기준 : [4체02-08] 수련을 통해 동작 수행이 어렵거나 두려운 상황을 극복하며 동작에 도전한다.

▶ 장소 : | 교실 | 체육교실 | 체육관 | 운동장 |

▶ 상세준비물 : 우산

#점프_우산 #림보 #민첩성_유연성

놀이 소개

거리도전과 동작도전, 속도도전이 고루 섞인 도전 게임! 우산을 뛰어라 넘어라 놀이입니다. 친구들이 우산을 들고 있으면 낮은 높이에서는 점프를, 높은 높이에서는 림보로 통과하면 되는 일석이조의 놀이입니다.

비가 왔을 때 실내에서 특별한 준비 없이 할 수 있는 놀이를 한번 해보실까요?

① 남학생 2줄, 여학생 2줄로 맞춰 선다.

② 각 줄의 맨 앞 남학생 1명씩(총 2명), 여학생 1명씩(총 2명) 출발 대기를 한다.

③ 나머지 학생들은 약 1m 이상의 간격으로 자리에 종대(세로줄)로 앉거나 서 있는다.

④ 앉거나 서 있는 학생들은 손으로 우산을 잡고 길게 뻗는다.

① 처음 서 있던 학생들이 출발하여 우산을 점프(낮은 높이)하거나, 우산을 림보(높은 높이)로 지나간다.

    - 한 발 점프로 넘은 후 익숙해지면 두 발 점프도 적용 가능하다.

② 처음 출발한 학생들이 끝까지 모두 넘고 다시 처음으로 돌아와서 두 번째 주자와 자리를 교체한다.

③ 두 번째 학생이 출발한다.

    - 순환식으로 계속해서 세 번째 학생, 네 번째 학생 등이 돌아가며 출발한다.

④ 마지막 학생이 점프 또는 림보로 먼저 도착한 팀이 승리한다.

- 우산을 들고 있는 동안 친구가 지나갈 때 절대로 우산 높낮이를 마음대로 바꾸면 안 됩니다.
  - 지나가기 한참 전에 바꾸는 것은 괜찮습니다.
- 한 발, 두 발 다 사용해서 넘을 수도 있으며 선생님의 재량에 따라 정합니다.
- 점프해서 넘기 힘들고 림보로도 통과하기 힘들 경우 고개를 숙여서 지나갈 수 있도록 합니다.
- 대형 사이의 간격을 충분히 넓혀 우산에 부딪히지 않도록 하며, 플레이스틱을 이용하면 보다 안전한 활동을 할 수 있습니다.

체육교실 ⊕ 뜀틀

가위바위보 구르기

활동영상 보러가기

▶ 학년 : 3~4학년군
▶ 핵심성취기준 : [4체02-06] 동작도전과 관련된 여러 유형의 활동에 참여해 수행의 성공에 도움이
되는 기본 자세와 동작을 찾아 도전 상황에 적용한다.
▶ 장소 : | 교실 | 체육교실 | 체육관 | 운동장 |
▶ 상세준비물 : 매트, 뜀틀, 고무줄

#가위바위보_이겨라 #고무줄_모으기 #수비수_뚫기 ▾ 🔍

❶  ❷

❸  ❹

놀이 소개

4학년 동작도전의 매트, 뜀틀 운동을 재미있게 할 수 있는 활동입니다.
'팔벌려 가위바위보 놀이'를 접목한 공격수와 수비수의 가위바위보 구르기 놀이입
니다.
어느 팀의 공격수가 모든 단계를 통과해 고무줄을 많이 모을 수 있을까요?

놀이 전 준비

① 체육관에 앞구르기용 매트, 뒤구르기용 매트, 뜀틀, 핸드스프링용 매트를 단계별로 놓는다.

<경기장>

② 수비수는 매트 앞과 뜀틀 앞에 위치한다.

③ 뜀틀과 매트는 최소 2개 이상을 놓도록 한다.

④ 공격팀(A 팀)과 수비팀(B 팀) 두 팀으로 학생들을 나눈다.

⑤ 마지막 단계 뒤에 목표를 달성한 표시(예 : 고무줄)를 나눠주는 학생들을 세운다

⑥ 수비팀은 단계별로 학생들을 배분해서 나눠 세운다.

놀이 방법

① 공격팀이 먼저 1단계 앞구르기 매트 앞에서 수비수와 상체 가위바위보를 한다.

 - 팔벌려 가위바위보 방법을 미리 학생들에게 이해시킨다(26~27page 참조).

 - 가위바위보에서 이길 경우 다음 단계에 도전할 수 있으며, 1단계에서 앞구르기를 실시
   한다.

 - 가위바위보에서 질 경우 팔벌려 뛰기, 스쿼트 5회 등 체력강화 활동을 한 후 다시 도전한다.

② 2단계 단계에서도 동일한 방법으로 도전한다.

③ 3단계, 4단계에서도 동일한 방법으로 도전한다.

④ 모든 단계를 통과한 후 고무줄을 받는다. 고무줄을 받고 다시 처음부터 시작한다.

⑤ 10분 정도 공격팀(A 팀)이 활동한 후, 역할을 바꿔 수비팀(B 팀)이 10분 정도 공격 활동을

한다.

⑥ 시간이 지난 후 고무줄을 많이 획득한 학생에게 칭찬 또는 보상을 한다.

(승패 놀이로도 할 수 있으나 지나친 과열보다 도전의식 향상에 중점)

놀이 Tip

- 구르기와 뜀틀 넘기 등의 기본 동작을 다 익힌 후에 본 놀이를 해야 효과가 크고 안전합니다.
- 절대 서두르지 않도록 하며 당일 건강이 안 좋은 학생을 단계의 심판으로 세워 구르기와 뛰어넘는 동작을 확인하도록 합니다.
- 못 구르거나 뜀틀을 원래 넘지 못하는 경우 도전을 해서 실패하는 것도 통과할 수 있도록 하지만, 가능한 한 학생들은 꼭 할 수 있도록 지도합니다.
- 순서대로 할 수 있도록 하며, 하는 도중에 끼어들거나 앞 친구가 동작 도전 중에 함께 하지 않도록 합니다.

CHAPTER 03

거리도전 놀이

(#5학년)

다리건너 전달놀이

활동영상 보러가기

▶ 학년 : 5~6학년군
▶ 핵심성취기준 : [6체02-01] 자신의 기록을 향상시키려는 거리 도전의 개념과 특성을 탐색한다.
▶ 장소 : | 교실 | 체육교실 | 체육관 | 운동장 |
▶ 상세준비물 : **팀조끼**

#점프_놀이 #다리_건너뛰기 #팀조끼_전달

놀이 소개

점프하는 도구를 따로 준비할 필요가 없습니다. 사람이 장애물 역할을 해 더 집중해서 뛰게 되는 다리건너 전달놀이로서 학생들의 협동심과 집중력이 요구되는 점프를 활용한 팀협력 놀이입니다. 팀조끼를 옮기는 활동도 흥미진진합니다.

① 교실의 경우 책상을 한쪽으로 밀어 정리한다.

② 남학생 2줄, 여학생 2줄로 맞춰 선다.

③ 남학생, 여학생 각 줄의 맨 앞 1명씩 출발 대기한다.

④ 나머지 학생들은 간격을 약 1m 간격으로 자리에 종대(세로줄)로 앉는다.

놀이 방법

① 앉은 학생들은 다리를 곧게 펴고 붙인다.

② 출발 신호와 함께 처음 서 있던 학생들이 점프를 하며 친구의 다리를 넘는다.

  - 처음 출발한 학생들은 각 1개씩의 팀조끼를 들고 준비한다.

  - 두 발 점프, 한 발 점프 등 점프의 방법을 다양하게 할 수 있다.

③ 처음 출발한 학생들이 모두 넘으면 본인이 줄이 되어 이어서 앉는다.

④ 도착한 학생은 가지고 있던 팀조끼를 발로 앞 학생에게 전달한다.

⑤ 학생들의 발끼리 맞닿아 전달해서 줄의 두 번째 학생까지 전달한다.

  - 중간에 팀조끼가 떨어지면 그 자리에서 이어서 팀조끼를 전달한다.

⑥ 두 번째 학생이 출발한다.

  - 순환식으로 계속해서 세 번째 학생, 네 번째 학생 등이 돌아가며 출발한다.

⑦ 마지막 학생이 점프해서 먼저 도착한 팀이 승리한다.

놀이 Tip

• 놀이에 집중하도록 하며 친구의 다리에 부딪히지 않도록 주의를 줍니다.

• 다리를 곧게 펴고 있는 학생은 같은 팀 학생이 점프해서 이동할 때 다리를 움직이지 않도록 지도합니다.

• 한 발 뛰기, 두 발 뛰기, 달리면서 뛰기 등 뛸 때 동작을 응용해서 할 수 있습니다.

• 발로 팀조끼를 전달할 때, 양 발을 이용해서 잘 전달할 수 있도록 합니다.

• 다리로 장난치지 않도록 사전에 주의를 줍니다.

거리조절

팀조끼 협동 높이뛰기

활동영상 보러가기

▶ 학년 : 5~6학년군
▶ 핵심성취기준 : [6체02-02] 거리도전과 관련된 여러 유형의 활동에 참여해 자신의 기록을 향상시킬
   수 있는 기본 자세와 동작을 이해하고 도전 상황에 적용한다.
▶ 장소 : | 교실 | 체육교실 | 체육관 | 운동장 |
▶ 상세준비물 : **팀조끼**

#팀조끼 #협동_높이뛰기 #순발력

❶

3. 팀당 조끼를 6개씩 나눠준다. (빨2 주2 파2)

❷

4. 조끼로 3단 허들을 설치한다.
(빨강·바닥, 주황·발목높이, 파랑·허리높이등)

❸

6. 다 넘으면 둘씩 짝을 지어 계속 허들을 설치한다.

❹

7. 이렇게 정해진 결승선까지 먼저 도착한 팀이 승리!

놀이 소개

팀조끼만 있으면 언제 어디서나 할 수 있는 놀이입니다. 팀조끼를 이용해 높이뛰
기 놀이를 진행합니다. 학생들은 파란색, 빨간색, 노란색 등 팀조끼의 색깔에 따
라 다양한 난이도의 높이뛰기를 성공해야 합니다. 팀을 나누어 협동 높이뛰기를
하여 지정한 곳까지 먼저 도착하는 팀이 승리합니다.

팀조끼 색깔에 따라 변수가 많아 실력에 상관없이 누구나 재미있게 참여할 수 있
는 놀이입니다.

① 체육교실의 양 끝에 시작점과 도착점을 정한다.

② 팀조끼로 높이뛰기 허들을 만든다.

   - 팀조끼 허들은 2명이 팀조끼 1개를 가지고 서로 마주 보는 형태로 만든다.

   - 색깔별로 팀조끼를 구비하여 색마다 난이도를 다르게 한다.

     예) 노랑 팀조끼: 발목 높이(난이도 ★☆☆☆☆)   파랑 팀조끼: 무릎 높이(난이도 ★★☆☆☆)

           빨강 팀조끼: 허벅지 높이(난이도 ★★★☆☆) 초록 팀조끼: 허리 높이(난이도 ★★★★★)

   - 허리높이 이상은 림보로 넘게 한다.

③ 팀을 A, B 팀으로 나누어 경기한다.

   - 24명 기준으로 한 팀에 12명이면, 각 팀당 필요한 조끼는 6개이다.

   - 각 팀당 조끼를 골고루 나누어준다(노랑 2, 파랑 2, 빨강 1, 초록 1).

④ 각 팀은 시작점에서 일렬로 서서 팀조끼로 허들을 설치하고 경기를 준비한다.

① 각 팀은 시작점에서 팀조끼로 허들을 설치하고 경기시작 신호를 기다린다.

② 각 팀에서 맨 뒤에 있는 2명의 친구는 첫 번째 주자가 되어 경기를 시작한다.

   - 첫 번째 주자는 높이뛰기 후 허들을 설치할 팀조끼 1개를 들고 있어야 한다.

③ 2명의 친구가 허들을 다 넘으면 바로 그 자리 1m 떨어진 곳에서 둘이 허들을 설치한다.

④ 맨 뒤에 있는 친구들은 앞 주자가 출발하면 바로 출발할 수 있다.

⑤ 팀별로 협력하여 계속 팀조끼를 설치하면서 지정한 곳까지 먼저 도착한 팀이 승리한다.

• 앞 주자와 부딪히지 않게 속도를 조절해야 합니다.

• 팀조끼 허들을 설치한 친구는 자기 팀원이 잘 넘도록 바닥과 평행이 되도록 잡아야 합니다.

• 팀조끼 허들을 넘다가 다치지 않도록 서로 약간의 간격을 두어 설치합니다.

• 학생들이 익숙해지면 도착점을 반환점으로 해서 찍고 돌아오게 해도 좋습니다.

• 학생들의 실력에 따라서 팀조끼 허들 난이도를 조정하여 놀이를 진행할 수 있습니다.

점프 술래잡기

활동영상 보러가기

▶ 학년 : 5~6학년군
▶ 핵심성취기준 : [6체02-02] 거리도전과 관련된 여러 유형의 활동에 참여해 자신의 기록을 향상할
수 있는 기본 자세와 동작을 이해하고 도전 상황에 적용한다.
▶ 장소 :

교실	체육교실	체육관	운동장

▶ 상세준비물 : 팀조끼, 접시콘

#순발력 #술래잡기 #제자리_멀리뛰기

운동장+맨손
10m
1. 경기장은 10m×10m정도로 그린다.

운동장+맨손
술래 술래
2. 술래(남1, 여1)는 바깥 라인에 선다.

운동장+맨손
삑!
3. 선생님의 휘슬소리에 맞춰 모둠발(1회)로 뛴다.

운동장+맨손
4. 술래에게 터치된 사람은 밖으로 나간다.

놀이 소개

제자리 멀리뛰기와 술래잡기가 만났다! 선생님의 호루라기 소리를 듣고 제자리
멀리뛰기로 술래를 피해 도망 다니는 놀이입니다. 제한된 구역 내에서 움직이되,
선생님 호루라기 소리에 맞춰 한 발자국씩 뛰어서 술래를 피해 도망가야 합니다.
총 30번 울리는 동안 열심히 뛰면서 술래를 피해 도망가면 승리합니다. 술래의 다
음 이동 방향을 생각하며 움직이면 생존할 확률이 높아지겠죠? 제자리에서 최대
한 멀리 뛰면서 술래의 움직임도 볼 수 있어야 승리할 수 있습니다.

놀이 전 준비

① 경기장을 다음과 같이 설치한다.

   - 10m x 10m 정도 되는 구역으로, 접시콘 등을 이용해 준비한다.

② 기존의 술래잡기처럼 술래가 다른 친구들을 잡으면 이기는 놀이이다.

③ 술래가 아닌 친구들이 먼저 경기장 안으로 들어가서 원하는 곳에 자리를 잡는다.

④ 술래는 양 끝에서 시작한다(남자 1명, 여자 1명).

놀이 방법

① 호루라기 소리가 동작 신호이며, 신호마다 제자리 멀리뛰기로 한 번씩 움직일 수 있다.

② 남자 술래는 남자만 잡을 수 있으며, 여자 술래는 여자만 잡을 수 있다.

③ 술래가 친구들을 터치하면 그 친구는 아웃이 된다.

④ 아웃이 된 친구는 경기장 밖으로 나가며, 팔벌려 뛰기 10회를 실시한다.

⑤ 신호는 총 30회 실시하며, 모두 잡으면 술래가 승리한다. 살아남는 인원이 있으면 그 인원이 승리한다.

⑥ 게임 규칙은 다양하게 변경 가능하다.

   - 제한 시간(5분) 안에 술래가 잡은 인원수로 승리를 판별하기

   - 술래가 잡은 친구도 술래가 되어 마지막까지 살아남는 사람이 승리하기

   - 아웃된 친구는 팔벌려 뛰기 10회 하고 다시 경기장으로 들어가서 놀이 참여하기 등

놀이 Tip

① 선생님의 호루라기 소리에 맞춰 모든 친구들이 동시에 뛰도록 합니다.

② 뛰다가 다른 친구들과 부딪힐 수 있으니, 특히 친구들이 무리지어 있을 때 주위의 움직임을 확인하면서 뛸 수 있도록 지도합니다.

③ 사전 준비운동으로 발목 및 허리 등을 충분히 풀어준 뒤에 놀이를 실시합니다.

④ 경기장을 원 또는 삼각형 등으로 해도 다양한 전략 탐색이 가능합니다.

⑤ 난이도는 경기장의 크기나 술래의 인원수를 통해 조절이 가능합니다.

⑥ 저학년의 경우, 호루라기 신호를 15회 정도로 조절합니다.

짜장 짬뽕 탕수육 놀이

활동영상 보러가기

▶ 학년 : 5~6학년군
▶ 핵심성취기준 : [6체02-02] 거리도전과 관련된 여러 유형의 활동에 참여해 자신의 기록을 향상할
　수 있는 기본 자세와 동작을 이해하고 도전 상황에 적용한다.
▶ 장소 : | 교실 | 체육교실 | 체육관 | 운동장 |
▶ 상세준비물 : 원마커, 팀조끼

| #협력_멀리뛰기 #거리_도전 #순발력 | 🔍 |

4. 팀은 절반으로 나눠서 음식별로 4/4/4명씩 선다.

10. 첫번째 주자는 제자리 멀리뛰기를 한다.

(두번째 주자가 뛴 거리만큼)
12. 3번째 주자도 전 주자만큼 도움닫기 하여 뛴다.

14. 이렇게 한 라운드에 2개 이상의 음식을 잡으면 승리!

놀이 소개

제자리 멀리뛰기와 도움닫기 멀리뛰기를 함께하는 놀이입니다. 친구들과 협동하
여 짜장, 짬뽕, 탕수육으로 표시된 원마커를 먼저 잡으면 승리합니다. 그리고 팀
원이 3가지 음식 중에 2개 이상을 잡으면 세트를 따낼 수 있습니다.
내가 뛴 제자리 멀리뛰기가 다음 주자의 도움닫기 길이가 되므로 최대한 멀리 뛰
어야겠죠? 우리 모두가 좋아하는 짜장면과 짬뽕, 탕수육을 위하여 서로 힘을 합쳐
조금 더 멀리 뛰어봅시다. 짜장! 짬뽕! 탕수육!

놀이 전 준비

① 경기장을 다음과 같이 설치한다.

- 가로 20m, 세로 10m로 나눈 선에 원마커(또는 접시콘)를 놓는다(원마커 사이의 간격은 2m).

② 두 팀으로 나눈다.

③ 각 팀에서는 짜장팀 4명, 짬뽕팀 4명, 탕수육팀 4명을 정한다.

<경기장>

놀이 방법

① 경기 시작 전, 각 팀별로 정한 짜장, 짬뽕, 탕수육 각각 4명씩 일렬로 서서 인사하고 출발선에 선다.

② 출발선에 선 두 팀은 경기 시작 전, 제한시간 10초 안에 자기 팀원끼리 서로 음식을 바꿀수 있다.

- 상대 팀에서 어느 학생이 나오는지를 확인하고, 그에 맞춰서 전략적으로 팀원 변경이가능하다.

③ 선생님의 시작 신호에 맞춰 경기가 시작된다.

④ 멀리뛰기 규칙은 다음과 같다.

- 각 음식의 첫 번째 주자는 출발선에서 제자리 멀리뛰기를 한다.

- 두 번째 주자는 첫 번째 주자가 뛴 자리까지 도움닫기를 하고 멀리뛰기를 한다.

- 세 번째 주자는 두 번째 주자가 뛴 자리까지 도움닫기를 하고 멀리뛰기를 한다.

- 네 번째 주자는 세 번째 주자가 뛴 자리까지 도움닫기를 하고 멀리뛰기를 한다.

- 단, 모든 주자는 모둠발로 착지해야 한다.

⑤ 가운데에 있는 짜장, 짬뽕, 탕수육의 원마커를 잡는다.

⑥ 한 라운드에 2개 이상의 음식을 획득한 팀이 승리하며, 총 5세트를 통해 승패를 결정한다.

놀이 Tip

- 멀리뛰기를 할 때 서로 부딪히지 않도록 지도합니다(1가지 음식당 접시콘을 2개씩 놓아서 팀에서 빨리 가져가는 것으로 승패를 판명하면 부딪치는 것을 방지).

- 발목을 풀어주는 준비운동을 경기 시작 전 철저히 해야 합니다.

- 경기 시작 전, 자기 팀원끼리 음식을 바꿀 수 있는 기회를 주는 이유는 '전략 탐색' 때문입니다.

- 짜장을 좋아하는 친구들끼리 모인 팀원이지만, 상대 팀의 실력이 월등하면 매 세트마다 질 수밖에 없습니다. 따라서 매 라운드 사이에 음식을 바꿀 수 있는 기회를 주면 라운드를 승리하기 위해 팀원을 서로 교체하거나 순서를 바꿀 수 있습니다.

- 한 라운드에 2개의 음식만 승리하면 이기는 게임이므로 전략적으로 2개의 음식을 공략할 수도 있습니다.

CHAPTER 04

표적도전
놀이
(#6학년)

사물함 빙고놀이

활동영상 보러가기

▶ 학년 : 5~6학년군

▶ 핵심성취기준 : [6체02-08] 표적·투기도전의 참여 과정과 결과를 반성하고 어떠한 상황에서도 상대방을 존중하고 게임에 최선을 다하는 겸손한 자세로 도전한다.

▶ 장소 : | 교실 | 체육교실 | 체육관 | 운동장 |

▶ 상세준비물 : 팀조끼, 바구니, 사물함

#던지기_빙고 #사물함_활용 #정확성 ▾ Q

놀이 소개

교실에서 사물함을 활용할 수 있는 놀이는 없을까요? 사물함을 이용해서 위험하지도 않고 표적을 향해 던지는 도전활동입니다. 기본형 빙고 던지기 놀이와 상대방이 던지는 것도 확인하면서 빙고를 맞춰보는 응용형 놀이까지, 직선형 던지기에 추가로 포물선형 던지기까지 사물함 빙고놀이를 소개합니다.

① 교실에 사물함 상황에 따라 3×3, 4×4 빙고를 정한다.
- 사물함 정리로 시간이 소모될 경우 사물함 안 학습 준비물을 밀어 넣는 정도로 해도 무방하다.
② 사물함 위에 바구니도 추가로 놓는다.
- 바구니가 따로 없는 경우 사물함 위에 구역을 인식시킬 수 있는 도구(예 : 우유갑)를 놓고 빙고 칸 수를 늘릴 수 있다.
③ 총 3팀으로 나눈다. 같은 인원수로 하는 것이 좋으나 남는 인원이 있을 경우 인원수를 안 맞춰도 된다.
④ 3가지 색의 팀조끼를 준비한다.
⑤ 사물함으로부터 약 3m 정도에 라인을 표시 한다(긴 줄, 접시콘 등 활용).

① 각 팀의 첫 번째 학생들이 사물함을 향해 팀조끼를 던진다.
- 팀조끼를 한 번 묶어 던지면 더욱 잘 들어간다.
- 던져서 들어가는 경우 던진 학생은 자기 팀의 줄 뒤에 선다
- 던져서 실패하는 경우 던진 학생은 떨어지거나 걸쳐진 팀조끼를 갖고 교실 뒷문을 통해 나가서 다시 앞문으로 들어와 줄 뒤에 선다.
② 두 번째 학생들이 사물함을 향해 던지며, 순서대로 던질 수 있도록 한다.
③ 같은 사물함 위치에 중복해서 들어가는 경우 그대로 두어도 되나, 팀조끼가 모자랄 경우 가져오도록 한다.
④ 팀에서 줄을 선 순서대로 던지며 세로 사물함 칸의 수에 맞춰 세로 빙고도 가능하다.
⑤ 가로 빙고 또는 세로 빙고를 먼저 맞추는 팀이 승리한다.
⑥ 처음에는 팀 경쟁 활동이 아닌 팀 도전 활동식으로 해 자기 팀 사물함 구역 안에서 먼저 넣는 팀이 승리하도록 할 수 있다.
⑦ 학생들이 익숙해지고 잘하는 경우 경쟁 활동으로 바꿔 자기 팀의 사물함 구역 구분 없이, 빙고를 방해하고자 상대 팀이 만들고 있는 빙고 사물함에 넣는 것도 인정하는 형태로 변형 가능하다.

- 팀조끼를 던지고 난 후에 사물함 빙고칸에 넣지 못했을 경우 다른 팀에 방해되지 않도록 팀조끼를 주워 지나갑니다(던지기 타임, 줍기 타임을 구분하면 좋음).
- 못 넣을 때 간단한 체력 강화운동을 추가해도 좋습니다(교실 뒷문으로 나간 후 교실 앞문으로 들어오면서 팔벌려 뛰기, 스쿼트 자세 등).
- 못 넣었다고 같은 팀 친구를 비난하지 않도록 주의시킵니다.
- 처음에는 팀조끼를 그냥 잡고 던지다가 응용할 때 팀조끼를 묶어서 다른 성질의 던지기를 할 수 있습니다.

교실 + 팀조끼

던져서 땅따먹기

▶ 학년 : 5~6학년군

▶ 핵심성취기준 : [6체02-06] 표적·투기도전과 관련된 여러 유형의 활동에 참여해 자신의 성공 수행을 높일 수 있는 기본 자세와 동작을 이해하고 도전 상황에 적용한다.

▶ 장소 : 교실 　 체육교실 　 체육관 　 운동장

▶ 상세준비물 : 훌라후프, 탬버린, 팀조끼, 노란 바구니

> #정확히_던지기 #투기_도전 #정확성

1. 교실의 책걸상을 가장자리 4곳에 배치한다.

5. 팀조끼를 한번 묶어서 공을 만든다.

+1점 (노란팀)

7. 훌라후프 안에 들어가면 +1점

8. 탬버린 안에 들어가면 +3점

놀이 소개

컬링을 꼭 굴려서 할 필요가 있을까요? 공중으로 던져서 과녁에 넣는 놀이를 해봅시다. 팀조끼를 이용하여 훌라후프 과녁에 넣는 놀이로서 팀 협력활동으로 자기 팀원의 점수를 합하여 과녁에 많이 들어가야 승리합니다.

1단계는 원형 과녁에 넣는 것으로 몸을 가볍게 푼 뒤, 2단계는 더 작은 바구니로 된 과녁에 넣으면서 팀별로 땅을 점령하는 놀이입니다.

① 경기장을 다음과 같이 설치한다.
- 책상을 교실 가장자리에 있는 꼭짓점 4곳에 공평하게 나눠서 분배한다.
- 4군데 구석으로 몰아넣은 책상은 각 팀의 땅이 된다.
- 교실의 가운데(각 팀의 가장 중간 자리)에 과녁을 설치한다.
- 1단계에서는 훌라후프와 탬버린(뒤집어서)을, 2단계에서는 노란 바구니 4개를 모아
  놓는다.

<경기장>

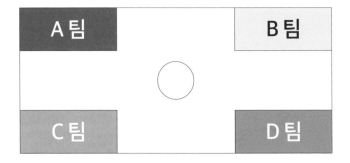

② 팀별로 다른 색의 팀조끼를 받는다(A팀 - 빨강, B팀 - 노랑, C팀 - 파랑, D팀 - 주황).
③ 각 팀원은 자기 땅(책상) 위에 앉아서 팀조끼를 묶어 공으로 만든다(기본 매듭).

● 놀이 1)
① 경기가 시작되면 각 팀에서 1명씩 순서대로 팀조끼 공을 과녁(훌라후프)에 넣는다.
- 훌라후프 안에 탬버린을 뒤집어 놓는다.
② 과녁에 팀조끼 공이 들어가면 +1점, 탬버린 안에 들어가면 +3점을 받는다.
- 과녁에 들어갔다가 튀어나온 공은 인정하지 않는다.
- 과녁에 중간쯤 걸친 공은 매듭(공의 가운데)의 위치를 기준으로 50% 이상 들어오면

점수로 인정한다.

③ 모든 경기 중에는 땅에서 움직일 수 없으며, 바닥에 발이나 몸이 닿으면 반칙이다.

④ 각 팀원 6명이 모두 던지면 1세트가 끝나며, 총 5세트를 하여 점수를 계산한다.

⑤ 가장 점수를 많이 득점한 팀이 승리한다.

● 놀이 2)

① 1단계와 경기장은 동일하며, 과녁만 노란 바구니 4개로 변경한다.

② 동일하게 각 팀에서 1명씩 팀조끼 공을 과녁(노란 바구니)에 넣는다.

　- 노란 바구니 과녁 모습

③ 노란 바구니에 들어가면 +1점이다.

　- 단, 점수를 계산할 때 바구니에 두 팀 이상의 공이 들어가면 많은 수의 공을 넣은 팀이
　　점수를 가져간다.

　　예) 한 바구니에 노란 공 2개, 빨간 공 1개일 경우 노란 팀이 점수를 획득한다.

　- 가장 많은 수의 공을 넣은 팀이 두 팀이 이상일 경우, 그다음으로 많은 공을 넣은 팀이
　　점수를 가져간다.

　　예) 한 바구니에 노란 공 2개, 빨간 공 2개, 파란 공 1개일 경우 파란 팀이 점수를 획득한다.

　- 만약, 바구니에 각 팀의 공의 개수가 동점일 경우 점수는 획득하지 못한다.

　　예) 한 바구니에 노란 공 1개, 빨간 공 1개일 경우 점수를 획득하지 못한다.

④ 각 팀원 6명이 모두 던지면 1세트가 끝나며, 총 5세트를 하여 점수를 계산한다.

놀이 Tip

- 과녁에 들어간 팀조끼 공이 애매하게 걸치는 경우를 대비하여 사전 규칙을 학생들과
  함께 정합니다.
- 훌라후프나 노란 바구니 대신 다른 도구들로도 충분히 좋은 과녁을 만들 수 있습니다.

체육관 + 콩주머니

던져라! 달려라!

활동영상 보러가기

▶ 학년 : 5~6학년군

▶ 핵심성취기준 : [6체02-06] 표적·투기도전과 관련된 여러 유형의 활동에 참여해 자신의 성공 수행을 높일 수 있는 기본자세와 동작을 이해하고 도전 상황에 적용한다.

▶ 장소 : 교실 │ 체육교실 │ 체육관 │ 운동장

▶ 상세준비물 : 콩주머니, 팀조끼, 라바콘, 단체 줄넘기

| #멀리_던지기 #투기_도전 #민첩성 ▾ | 🔍 |

3. 학생들은 콩주머니를 들고 콘 옆쪽에 선다.

4. 자기 자리에서 콩주머니를 과녁에 던지고,

5. 상대편이 던진 콩주머니를 주우러 간다.

8. 점수의 합계로 승리를 판정한다.
뒤에 대기하는 친구들이 점수를 계산한다.

놀이 소개

표적 게임에 꼭 필요한 기본 기능인 멀리 던지기를 이용한 놀이입니다. 체육 창고에 굴러다니는 콩주머니, 운동회 날에만 쓰긴 아깝죠? 멀리 던지기에 좋은 도구가 되는 콩주머니를 이용하여 놀이를 해봅시다.

과녁에 넣으면서 정확성을 기르고, 상대방의 공을 주우러 가면서 민첩성을 길러봅시다. 상대 팀보다 과녁에 많이 넣어서 점수를 얻거나, 상대 팀보다 빨리 콩주머니를 주워오면 승리하는 놀이입니다.

① 경기장을 다음과 같이 설치한다.

- 체육관 중앙에 학생들을 두 팀으로 나누어서 각각 6명씩 양팔 간격으로 세운다.

- 학생들 발밑에 라바콘을 설치한다.

- 학생들이 선 줄 양 옆 10m 거리에 단체 줄넘기로 원형 과녁을 만든다.

② 팀별로 다른 색의 조끼를 입는다.

③ 경기장 안에 12명이 들어가고, 경기장 밖에서는 다음 순서인 12명이 자기 팀 점수를 계산한다.

① 경기가 시작되면 A 팀 선수는 A 팀 과녁에, B 팀 선수는 B 팀 과녁에 콩주머니를 던진다.

② 과녁에 콩주머니가 들어가면 +3점을 얻는다.

③ 과녁에 콩주머니를 던짐과 동시에 상대 팀이 던진 콩주머니를 빠르게 주워 제자리로 온다.

④ 자기 맞은편에 있는 상대 선수보다 라바콘에 빨리 도착하면 +1점을 얻는다.

⑤ 경기장 밖에 있는 다음 경기 선수는 심판 역할을 한다.

- 우리 팀 선수가 던진 콩주머니가 과녁에 몇 개나 들어갔는지 확인한다.

- 우리 팀 선수가 콩주머니를 주워 상대 선수보다 빨리 오는지 확인한다.

⑥ 1경기가 끝나면 자리를 바꿔서 2경기를 시작한다.

⑦ 2경기까지 1세트이며, 다음 세트는 경기장 밖에 있는 선수가 경기를 실시한다.

⑧ 총 5세트 동안 누적된 점수를 계산하여 높은 점수의 팀이 승리한다.

• 앞 콩주머니를 주우러 갈 때 등 뒤에 있는 상대 팀과 서로 부딪히지 않도록 주의합니다.

• 콩주머니가 과녁에 들어가는 정도는 사전에 학생들과 함께 정합니다(절반 이상 과녁에 들어가야 점수 인정).

• 콩주머니 말고 다른 공으로도 놀이가 가능합니다.

• 세트가 진행될수록 난이도를 높여 과녁의 거리를 멀리할 수 있습니다.

• 과녁에 넣어서 3점을 얻을 수도, 최대한 멀리 던져 상대 팀보다 빨리 자리에 앉는 것으로 1점을 얻을 수도 있어서 다양한 전략 탐색이 가능합니다.

• 라바콘이 없으면 우유갑을 이용해도 좋습니다.

괜찮아! 못해도. 인성이 자라는 놀이체육

초등학교 학생들에게 가장 좋아하는 과목이 무엇이냐고 물어보면 많은 학생이 체육을 꼽습니다. 그런데 반대로 누군가에게는 체육시간이 가장 자신 없고 하기 싫은 수업일 수도 있죠. 학생들은 각기 신체 조건이나 발달 정도가 다르고, 좋아하고 잘하는 종목도 다 다릅니다. 특히 운동 능력 및 신체 기량이 떨어지는 학생들은 체육시간에 굉장히 위축됩니다. 구기 종목을 하는 날에는 다른 학생들에게 배제되기도 하고, 스스로도 체육시간 도중 공에 대한 두려움을 떨쳐내지 못하지요. 체육시간의 이런 경험은 다른 수업 및 교우 관계 등에서도 이어지는 경우를 많이 보았습니다. 단순히 운동을 못하는 것에서 나온 자신감 결여가 그 학생의 다른 생활을 침범하게 되는 것이지요.

그래서 저는 체육수업 모든 요소마다 놀이를 녹여보았습니다. 단순히 팀을 나누어 자신의 운동 기량을 펼치기보다 운동을 하면서 놀며 배우는 체육수업을 만들었습니다. 교사의 접근 방식이 달라지니 체육시간을 대하는 학생들의 태도도 많이 달라졌습니다. 운동을 싫어하던 학생도 어느새 다른 아이들과 뒤엉켜 열심히 놀고 있더군요. 물론 수업에 엄청 집중해서 말이죠. 누가 실수하면 소리를 지르거나 냉소적인 표정을 짓는 학생들도 없어졌습니다. 모두가 다 같이 참여하니 협동심도 좋아지고, 더불어 공동체 의식도 자라나더군요. 운동 능력이 조금 부족한 학생들에게 응원을 보내고 같이 도와주기도 했습니다. 학생들은 어느새 체육시간을 자신의 운동 능력을 발휘하는 시간이 아니라 같이 즐기는 시간으로 인식하게 된 것 같았습니다. 학생들에게 체육수업이 운동 능력이 좋든 그렇지 않든 누구나 잘할 수 있고 즐길 수 있는 시간이 된 것이죠.

학생들이 달라진 이유는 놀이가 학생들 삶 속 어디에든 있기 때문에 운동을 잘해야만 한다는 체육시간의 부담감이 줄어들었기 때문입니다. 또 놀이란 어려운 것이 아니기 때문에 가르치기도 쉽고 배우기도 쉬워서 학생들도 저를 더 좋아하게 되더군요. 그리고 무엇보다 놀이를 통해 학생들 서로를 더 좋아하게 된 것 같습니다. 부담감은 줄고 자신감은 높아지는 인성이 함께 자라는 체육시간, 놀이체육과 함께하면 어떨까요?

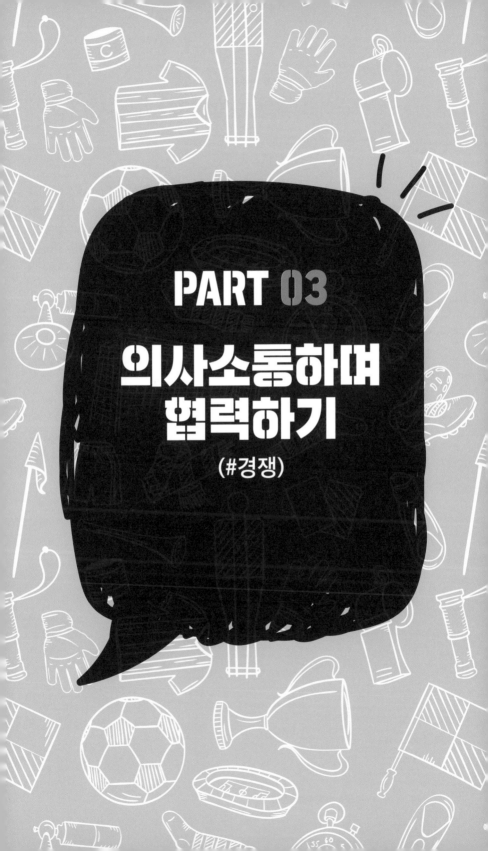

PART 03

의사소통하며
협력하기

(#경쟁)

특수학급 아이들도 함께하는 체육교실

통합학급의 경우 장애를 가진 학생들과 하는 체육시간은 힘든 점이 많습니다. 운동 능력과 상관없이 수업에 참여하는 것에서 오는 부담이 많기 때문입니다. 또한 교실을 채우고 있는 다양한 학생들을 형평성 있게 가르치고자 하는 교사의 딜레마가 체육시간에 찾아오기도 합니다. 그렇기 때문에 교사는 장애학생들에게 핸디캡을 줄여주는 많은 시도를 합니다. 달리는 구간은 줄여주고, 공을 던지고 찰 때는 선생님과 함께하는 등의 방법을 쓰지만, 다른 학생들에게는 체육시간의 재미를 반감시키는 요소로 작용합니다.

그때마다 저는 항상 고민을 하게 됩니다. '모두에게 재미있는 체육수업을 어떻게 만들어 볼까?'에 대한 고민이죠. 만약에 같이 노는 것이라면 학생들이 어떻게 반응할까요? 먼저 놀이는 학생들에게 운동 능력이라는 접근에 대한 벽을 낮춰줍니다. 왜냐하면 놀이는 누구나 할 수 있으니까요. 쉽고 재미있으니 학생들이 너도나도 좋아합니다. 특수학급 학생들에게도 놀이체육수업은 정말 재미있고 하고 싶은 시간일 겁니다. 놀이는 쉬우면서 즐거운 배움이 있는 체육시간을 학생들에게 선사합니다.

축구 경기에서는 많은 골을 넣는 팀이 승리하죠? 그런데 1명당 1골만 넣을 수 있는 놀이를 한다면 어떨까요? 아마 학생들은 장애학생의 두 손을 맞잡고 함께 달려줄 겁니다. 즐거운 축구도 함께하면서요. 또 놀이란 학생들에게 공통의 목표의식을 심어줍니다. 바로 같이 해야 즐겁다는 것이죠. 놀이는 나 혼자만 잘하면 재미가 없습니다. 장애가 있든 없든 그런 것은 중요하지 않습니다. 학생들에게는 그저 같이 놀 친구가 한 명 있을 뿐이죠.
교사에게 포기해도 되는 학생은 아무도 없기에 지금 우리 체육시간은 놀이체육이어야 합니다. 다양한 학생들과 즐겁게 체육시간을 보내는 법! 바로 놀이체육이 아닐까요?

CHAPTER 01

기초놀이

전통놀이에 '깍두기'가 있었던 이유?

우리나라 전통 놀이에는 술래 말고도 '깍두기'라는 역할이 있었습니다. 어렸을 때 기억을 더듬어보면 집에 혼자 놔둘 수 없는 동생을 데리고 온 녀석이 꼭 한둘씩은 있었습니다. 그런데 동생들은 키도 작고 힘도 없어서 같이 놀기엔 팀 밸런스가 안 맞고, 그렇다고 혼자 놔두고 놀 수도 없었습니다. 그래서 우리는 그를 '깍두기'라고 부르고 놀이에 참여시켜 주었지요. 다 같이 얼음땡을 해도 깍두기는 술래가 되지 않고 심지어 일부러(?) 잡지도 않았습니다. 동서남북 놀이를 해도 승패와 관계없이 깍두기는 꼭 한 번씩 놀이를 시켜줬던 기억이 납니다. 이렇게 '깍두기'는 다른 친구들과는 다르게 잡혀도 아웃되지 않고 술래도 되지 않았습니다.

언제부터 이런 깍두기 제도(?)가 생겼는지는 모르지만 우리 선조들은 왜 이러한 제도(?)를 만들었을까요? 바로 놀이에 빠질 수 없는 한 가지, '배려'를 해주기 위함이었습니다. 모두가 즐거운 것이 놀이라면, 못하는 친구들도 당연히 즐거워야 합니다. 이를 위해 우리 선조들은 기가 막힌 방법을 찾아냈습니다. 바로 깍두기지요. 승패와 상관없는 깍두기를 만들어 다 함께 즐겁게 참여할 수 있도록 한 것입니다.

하지만 요즘 아이들은 놀이 선조들이 만들어 깍두기 제도를 가볍게(?) 무시하고 못하는 아이들을 오히려 집중 공격하는 경우가 많아졌습니다. 놀이에 경쟁 요소는 꼭 필요하기는 하지만, 이러한 지나친 경쟁은 오히려 놀이를 망치게 됩니다. 무한경쟁시대에 살아가는 요즘 아이들에게 옛 선조들의 지혜였던 '깍두기' 제도를 다시 한 번 생각해보게 하는 건 어떨까요?

1. 태그형 놀이

(#3학년)

책상 술래잡기

활동영상 보러가기

▶ 학년 : 3~4학년군
▶ 핵심성취기준 : [4체01-06] 건강을 유지·증진하기 위한 체력 운동 및 여가 생활을 실천한다.
▶ 장소 : 교실　체육교실　체육관　운동장
▶ 상세준비물 : 책상(학급 인원 - 2개)

#교실_술래잡기 #민첩성_향상 #방심은_금물

1. 책상 간격을 일정하게 두고 통로를 만든다.

술래와 도망가는 사람을 제외하고 책상에 손바닥을 댄다.

6. 술래는 팔벌려뛰기 2회를 하고 술래를 잡으러 간다.

도망가!

놀이 소개

교실에서 특별한 준비물이 없이 할 수 있는 술래잡기 놀이입니다. 교실에서 놀이를 할 때 구석으로 몰아넣는 책상도 놀이의 도구로 활용하여 특별한 준비물 없이 즐겁게 교실에서 술래잡기를 할 수 있습니다.

비가 오거나 미세먼지가 나쁨 단계인 날, 교실에서 책상 술래잡기 한 판 어떤가요?

① 경기장을 다음과 같이 설치한다.

  - 가방을 의자에 넣고, 의자를 책상 밑으로 넣는다.

  - 책가방 양옆의 고리를 튀어나오지 않도록 옆으로 붙인다.

  - 책상 2개를 빼서 벽등에 붙여놓아 통행에 불편함이 없도록 한다.

  - 책상과 책상 사이를 사람이 통행할 수 있도록 띄어 놓는다.

① 가위바위보를 하여 술래를 정한다.

② 각자 책상에 1명씩 서서 책상 위에 손을 올려놓는다.

  - 책상이 없는 학생 2명이 처음 도망가는 역할을 한다.

③ 출발 신호에 맞추어 술래는 팔벌려 뛰기 2회를 하고 책상이 없는 사람을 잡으러 간다.

④ 도망가다 잡힐 것 같은 경우에 책상에 손을 얹으며 "도망가!"라고 말한다.

  - 원래 책상 주인은 새롭게 도망가는 사람이 되어 술래를 피해 도망간다.

⑤ 술래에게 잡히면 새 술래가 되어 팔벌려 뛰기 2회를 하고 원래 술래(도망가는 사람)를 잡으러 간다.

• 이동하는 도중에 책상 모서리 등에 부딪히지 않도록 주의시킵니다.

• 한 사람이 너무 오래 뛰는 경우 카운트다운을 하여 도망가는 사람을 바꿀 수 있도록 합니다.

• 도망가는 사람에게 시간제한을 둘 수 있습니다.

• 술래 식별이 쉽게 팀조끼 등으로 진행할 수 있습니다.

기초놀이

삼각형 술래잡기

활동영상 보러가기

▶ 학년 : 3~4학년군

▶ 핵심성취기준 : [4체01-06] 건강을 유지·증진하기 위한 체력 운동 및 여가 생활을 실천한다.

▶ 장소 : | 교실 | 체육교실 | 체육관 | 운동장 |

▶ 상세준비물 : **라바콘, 3가지 색상의 팀조끼**

#술래_3명 #상황_판단력 #협동심_중요

2. 가위바위보를 해서 3팀으로 나눈다.

3. 술래를 정해 손목에 조끼를 감는다.

4. 서로 다른 색 조끼를 입은 사람끼리 삼각형을 만든다.

5. 시작하면 술래들은 자신과 똑같은 조끼를 입은 사람을 잡는다.

놀이 소개

기존의 술래잡기는 술래 1명이 나머지 학생을 잡으러 가는 형식이었습니다. 삼각형 술래잡기는 술래 인원을 3명으로 늘려 술래잡기의 박진감을 높였습니다. 또한 술래가 잡을 수 있는 대상을 한정지어 순간적인 판단력이 요구됩니다.

협동심을 키우면서 순간 판단력도 높일 수 있어 학급 운영 놀이로 활용하기에도 좋은 활동입니다.

① 경기장을 다음과 같이 설치한다.

- 책상과 의자를 교실 구석으로 치워서 공간을 확보한다.

- 가위바위보를 해서 3팀으로 나눈다.

- 팀별로 조끼를 입고 술래가 될 사람을 가위바위보 등을 통해 정한다.

- 조끼 색깔별로 1명씩 모여(3명) 서로의 어깨에 손을 올려 삼각형을 만든다.

① 시작 신호에 맞춰 술래들은 자신과 똑같은 색의 조끼를 입은 사람을 잡는다.

② 삼각형의 학생들은 술래가 잡지 못하도록 라바콘 주위를 함께 돌며 피한다.

- 술래는 한 삼각형에 1명씩만 접근이 가능하다.

- 술래가 한 삼각형에 2명 이상 접근한 경우 팔벌려 뛰기 등의 벌칙을 실시한다.

③ 같은 색 술래에게 잡히면 식별용 팀조끼를 건네주고 새로운 술래가 손목에 감는다.

- 식별용 팀조끼를 받은 술래가 기존의 술래를 곧바로 잡지 못한다.

④ 삼각형에서 라바콘이 벗어난 경우, 삼각형의 학생들이 모두 새로운 술래가 된다.

• 공간을 충분히 확보하여 서로 부딪히지 않도록 지도합니다.

• 학기 초 친교놀이 등으로 활용이 가능합니다.

• 운동장, 체육관, 체육교실 등 어디에서도 가능합니다.

• 학급 인원이 3의 배수가 아닐 경우 대기 술래 등을 둡니다.

기초놀이

선따라 술래잡기

활동영상 보러가기

▶ 학년 : 3~4학년군
▶ 핵심성취기준 : [4체01-06] 건강을 유지·증진하기 위한 체력 운동 및 여가 생활을 실천한다.
▶ 장소 : | 교실 | 체육교실 | **체육관** | 운동장 |
▶ 상세준비물 : **팀조끼**

| #선따라_이동 #라인_술래잡기 #체육관_놀이 | ▾ | 🔍 |

3. 술래들은 팀조끼를 들고 구석에 선다.

4. 술래가 아닌 사람은 선 사이를 넘어서 도망간다.

놀이 소개

술래잡기 놀이를 할 때 선생님의 걱정 중 하나는 학생들이 빠른 속도로 움직이다 다치는 일이 벌어지지는 않을까 하는 것입니다. 선따라 술래잡기는 체육관에서 선을 따라 이동하기 때문에 움직이는 속도에 제한이 있어 이러한 선생님의 걱정을 줄여줄 것입니다. 전통놀이 중 8자놀이의 체육관 버전으로서 술래가 아닌 학생은 선을 따라 이동하다 선 사이를 점프하여 이동할 수 있습니다. 술래는 다른 학생들과 달리 선 위를 이동하지만 선 사이를 점프하여 이동할 수 없는 놀이입니다.

① 가위바위보를 해서 술래를 2명 뽑는다.

  - 술래는 경기장 각 모서리에 선다.

  - 술래는 식별용 팀조끼를 손에 든다.

② 나머지 학생들은 체육관 선 위 아무 곳에나 선다.

놀이 방법

① 시작 신호에 맞추어 모든 학생은 체육관에 그려진 선을 따라 이동한다.

② 술래는 선을 따라 이동하며 다른 학생들을 잡으러 간다.

③ 술래가 아닌 학생은 술래에게 잡힐 것 같을 때 선 사이를 점프하여 다른 선으로 이동한다.

  - 술래는 선 사이를 점프할 수 없으므로 돌아서 잡으러 가거나 다른 학생을 잡으러 간다.

  - 술래는 팀조끼로 상대방을 터치할 수 있지만, 팀조끼를 던져서 상대방을 터치할 수는 없다.

④ 술래에게 잡혀 술래가 바뀐 경우에는 팔벌려 뛰기 2회를 하고 다른 학생을 잡으러 간다.

놀이 Tip

• 학생 수준에 따라 술래의 수를 조절할 수 있습니다.

• 학생 인원에 따라 경기장의 넓이를 조절할 수 있습니다.

• 술래가 바뀔 때 팔벌려 뛰기 대신 다른 신체활동을 넣어도 좋습니다.

• 팀조끼로 다른 학생을 너무 세게 치지 않도록 주의시킵니다.

기초놀이

교사주도형? 학생주도형? 놀이체육의 방향성

이 책을 읽고 계시는 선생님들께서는 어느 정도 수업에 대한 열의와 책임감으로 무장한 선생님들이 아닐까 생각합니다. 저 또한 그중 한 명입니다. 그런데 놀이체육을 개발하여 수업에 적용하다 보면 이상한 일들이 가끔 벌어지기도 합니다.

수업 전날 밤늦게까지 열심히 만든 놀이로 다음 날 체육수업을 하려는데, 학생들이 "선생님~ 재미없어요", "지루해요", 심지어는 "선생님 그냥 수업하면 안 돼요?"라는 말들을 가끔 하곤 합니다. 심장을 관통당하는 듯한 날카로운 학생들의 지적에 힘이 빠져버린 저는 "얘들아, 이게 재미없니? 이렇게 재밌는데?"라고 말해보지만 학생들은 이미 놀이에 흥미를 잃어버린 지 오래였습니다. 이런 상황에서 교사는 어떻게 하면 좋을까요?

놀이는 선생님의 머릿속으로 수십 번 시뮬레이션을 돌리는 것보다 솔직하게 학생들에게 "얘들아, 선생님이 좋은 아이디어를 생각해왔는데 우리 함께 놀이를 만들어볼까?"라고 접근하면서 물어볼 때가 훨씬 재밌습니다. 놀이의 주체는 학생입니다. 자신들이 스스로 놀이를 만들면 동기도 부여될 뿐만 아니라 학생들 수준에 최적화된 우리 반을 위한 놀이가 탄생할 수 있습니다. 이 책의 수많은 놀이도 쓰여 있는 대로 똑같이 하지 마시고 놀이에 대해 학생들과 이야기를 나눠보세요. 학생들의 수준과 분위기에 맞게 놀이가 재탄생하는 경험을 하게 되실 겁니다.

전혀 어려운 일이 아닙니다. 오히려 학생들의 숨겨온 놀라운 재능을 발견하는 기회가 될 수 있습니다. 선생님만을 바라보고 있는 학생들에게 지금 이렇게 말해보시는 건 어떨까요?
"얘들아, 우리가 놀이를 만들어 우리 반만의 이름을 붙여보는 건 어떨까?"라고 말입니다.

2. 피구형 놀이

(#전 학년)

사람은 죽어서 팀조끼를 남긴다!

활동영상 보러가기

▶ 학년 : 3~4학년군
▶ 핵심성취기준 : [4체03-06] 영역형 게임의 기본 기능을 탐색하고 게임 상황에 맞게 적용한다.
▶ 장소 : **교실** | 체육교실 | 체육관 | 운동장
▶ 상세준비물 : **쏭쌤 팀조끼** 10개씩 2종

#팀조끼_피구 #교실_피구 🔍

사람은 죽어서 팀조끼를 남긴다.

우리 팀이 아웃되면 남기고 간 팀조끼들을 던져 상대를 아웃시킬 수 있습니다.

1. 각 성별을 팀으로 나눕니다. 7vs7정도

8. 상대팀 선수를 모두 아웃시키면 승리

놀이 소개

교실에서 피구를 하다 보면 항상 교실의 물건이 파손될 것을 걱정하게 됩니다. 무게가 나가는 공 등을 던져야 하니 그렇지요. 팀조끼를 한 번만 묶어 던져 보면 어떨까요? 충분한 속도로 날아가지만 맞았을 때 아프지 않고 교실의 물건 등이 파손될 걱정도 없습니다. 이 놀이는 여러 개의 팀조끼를 활용하여 교실에서도 박진감 넘치는 피구를 하도록 만들었습니다. 팀원들이 아웃되면서 남기고 간 팀조끼까지 활용하여 여러 개의 팀조끼를 연속해서 혹은 한 번에 던질 수도 있습니다.

① 교실의 책상 등을 이동시켜 최대한 큰 사각형이 나오도록 한다.

　- 청테이프 등을 이용하여(군데군데 붙이기) 영역을 반으로 나눈다.

　- 놀이에 참가하는 학생들과 도우미는 팀에 맞는 팀조끼를 착용한다.

② 여유 팀조끼를 하나 준비한 후 한 번 묶어준다.

<경기장>

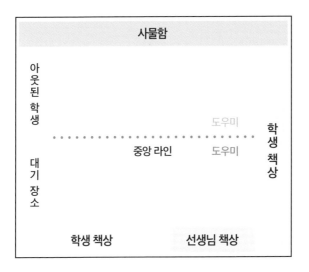

① 팀원들은 같은 색의 팀조끼를 입는다.

② 도우미 한 명은 상대 팀의 영역에 위치한다. 그리고 상대 팀 영역에 떨어져 있는 팀조끼를 주워 우리 팀의 영역으로 보내준다.

③ 처음에는 한 번 묶은 팀조끼를 한 개씩 제공한다.

④ 자신이 입은 색과 같은 팀조끼만 상대에게 던질 수 있다.

⑤ 상대가 던진 팀조끼에 맞아 아웃되었을 경우 우리 팀을 위해 자신의 팀조끼를 바닥에 두고 대기 장소로 이동한다.

⑥ 아웃된 우리 팀원이 두고 간 팀조끼로도 계속 공격이 가능하다.

⑦ 상대가 던진 팀조끼를 바로 잡았을 경우 대기 장소에 있던 같은 팀원 한 명이 부활한다 (순서대로).

⑧ 상대 팀원을 모두 아웃시키면 승리하게 된다.

⑨ 교실의 경우 공간이 부족한 관계로 반 전체가 아닌 성별 등으로 절반으로 나누어 번갈아 가며 놀이를 한다.

놀이 Tip

• 도우미에게는 다른 팀의 영역 안에 있는 우리 팀의 팀조끼를 우리 팀의 영역으로 넘겨 주는 역할을 부여합니다.

• 팀조끼 묶는 방법을 시범 보여주면 더 좋습니다(아무렇게나 한 번 묶기).

• 체육관에서 실시할 경우 아웃된 학생들이 외야에서도 공격할 수 있도록 룰을 바꿀 수 있습니다.

• 체육교실 혹은 다목적실 등에서 놀이를 하면 더욱 재미있습니다.

활동영상 보러가기

닷지비 피구

▶ 학년 : 3~4학년군
▶ 핵심성취기준 : [4체03-06] 영역형 게임의 기본 기능을 탐색하고 게임 상황에 맞게 적용한다.
▶ 장소 : | 교실 | 체육교실 | 체육관 | 운동장 |
▶ 상세준비물 : 닷지비 2개

#닷지비_피구 #교실_피구

교실 닷지비 피구! 놀이

1. 닷지비를 던져 맞은 편 상대팀을 맞춥니다.

4. 상대팀 학생을 전부 아웃시키면 승리

놀이 소개

피구는 교실에서 못한다? 피구는 맞으면 아프다? 전혀 그렇지 않습니다. 피구용
플라잉 디스크인 닷지비를 사용해서 피구를 진행하면 교실에서도 충분히 피구를
할 수 있습니다. 물론 교실 내 구조물이 없는 체육교실 등에서 진행하면 더더욱
좋습니다. 닷지비를 활용하여 피구를 하면 맞아서 아플 걱정도 없고 다칠 위험도
없습니다. 책상 등을 한쪽으로 가지런하게 정리한 후 최대한 공간을 넓은 사각형
으로 만든 다음, 그 사각형을 반으로 나누어 닷지비 피구를 진행해보세요.

① 교실의 책상 등을 이동시켜 최대한 큰 사각형이 나오도록 한다.
② 청테이프 등을 이용하여 영역(군데군데 붙이기)을 반으로 나눈다.
③ 닷지비 2개를 준비한다(일반적인 플라잉 디스크가 아님).

<경기장>

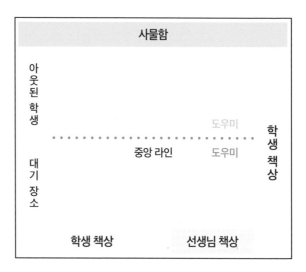

① 닷지비를 양 팀에 한 개씩 주고 놀이를 시작한다.
② 상대가 던진 닷지비에 맞으면 아웃이 되며, 아웃된 학생은 대기 장소(양 사이드)로 이동한다.
③ 땅, 천장, 벽 등에 바운드된 닷지비에 맞았을 경우는 아웃으로 처리하지 않는다.
④ 상대가 던진 닷지비를 잡으면 아웃된 우리 팀원이 부활한다(부활은 먼저 아웃된 순서대로).
⑤ 상대 팀을 모두 아웃시켰을 경우 경기에서 승리한다.
⑥ 한 경기가 끝나면 진영을 바꿔서 다시 실시한다.
⑦ 교실의 경우 공간이 부족한 관계로 반 전체가 아닌 성별 등으로 절반으로 나누어 번갈아
   가며 놀이를 한다.

• 처음에는 닷지비 한 개로 시작하고 익숙해지면 닷지비 두 개로 놀이를 진행합니다.

• 닷지비는 항상 옆구리 옆에서 평행하게 던지도록 지도합니다(플라잉 디스크 던지는 방법).

• 체육관에서 실시할 수 있으며, 배드민턴 코트를 사용하면 됩니다(닷지비 두 개를 한 번에 투입).

• 체육관에서 실시할 경우 외야에서도 공격할 수 있도록 룰을 바꿔도 됩니다.

• 구장의 크기, 닷지비의 투입 개수 등은 선생님이 학생들의 수준에 따라 정할 수 있습니다.

기초놀이

체육관 + 공

굴려라! 굴려라! 피구

활동영상 보러가기

▶ 학년 : 3~4학년군
▶ 핵심성취기준 : [4체03-06] 영역형 게임의 기본 기능을 탐색하고 게임 상황에 맞게 적용한다.
▶ 장소 : | 교실 | 체육교실 | **체육관** | 운동장 |
▶ 상세준비물 : **체육관 배구라인, 소프트발리볼 4개**

#굴리기_피구 #소프트발리볼_놀이   🔍

❶
❷
❸
❹

놀이 소개

체육시간에 학생들이 좋아하는 종목 중에 1순위는 무엇일까요? 특히 3~4학년 학생들이 가장 좋아하는 종목은? 바로 피구입니다. 피구가 교육과정에서 빠졌지만 다른 활동과 연계해서 충분히 안전한 피구를 할 수 있습니다.

던져서 아웃시키는 피구 말고 굴려서 아웃시키는 피구는 어떤가요? 맞아서 아플 걱정도 없고 다칠 위험도 없습니다. 체육관이 있는 학교라면 배구 라인은 기본이죠? 소프트발리볼 4개만 있으면 언제든지 OK!

① 배구 라인이 바깥 라인이다.

  - 공격팀 학생들은 배구 라인(18m × 9m) 밖에 위치한다.

  - 배구 라인이 없다면 다른 라인(농구 등)으로 대체해도 된다.

② 소프트발리볼 4개를 준비한다.

  - 다른 공도 대체가 가능하지만 딱딱하거나 무게가 많이 나가는 공은 다칠 위험이 있다.

<경기장>

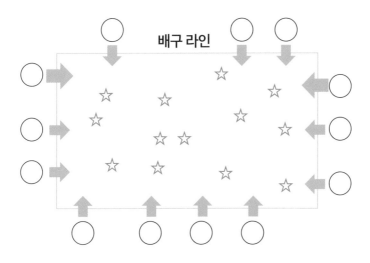

● 놀이 1) 빨리빨리 아웃시켜라

① 공격팀 학생들은 모두 라인 밖에서 라인 앞에 고루 선다.

② 수비팀 선수들은 라인 안으로 들어가 넓게 퍼진다.

③ 시작 신호와 함께 공격팀 선수들은 소프트발리볼 4개를 수비팀 선수들을 향해 굴린다.

④ 공에 맞은 수비팀 선수는 경기장 밖으로 나가 점수판에 1점 올리고 다시 경기장으로 들어
   온다.

⑤ 제한시간은 선생님이 정하며(3~5분) 그 시간 동안 공격팀이 공격에 성공한 횟수(점수판)가

공격팀의 점수가 된다.

⑥ 공격과 수비를 바꾸어 경기를 진행한다.

⑦ 더 많은 점수를 얻은 팀이 승리한다.

● 놀이 2) 오래오래 버티자

① 공격팀 학생들은 모두 라인 밖에서 라인 앞에 고루 선다.

② 수비팀 선수들은 라인 안으로 들어가 넓게 퍼진다.

③ 시작 신호와 함께 공격팀 선수들은 소프트발리볼 4개를 수비팀 선수들을 향해 굴린다.

④ 공에 맞은 수비팀 선수는 경기장 밖으로 나가서 다시 들어올 수 없다.

⑤ 세 명이 남을 때까지 경기를 지속한다. 세 명이 남는 순간의 시간이 수비팀의 점수가 된다.

⑥ 공격과 수비를 바꾸어 경기를 진행한다.

⑦ 3명이 남기까지 더 오랜 시간을 버틴 팀이 승리한다.

놀이 Tip

• 공을 던지면 그 공격은 무효가 됩니다.

• 바운드가 된 공에 맞아도 무효입니다.

• 성별과 수준에 따라 남녀로 나누어 배드민턴 코트에서 실시할 수 있습니다.

• 공의 개수와 놀이시간 등 모두 선생님 재량으로 정할 수 있습니다.

새로운 활동에 도전하라!

'오늘 새로운 활동을 시도해 볼까? 아니면 오늘도 학생들이 좋아하는 피구를 할까?' 이와 같이 새로운 활동과 익숙한 활동 사이에서 고민하는 선생님이 꽤 있을 것입니다. '과연 이 활동을 아이들이 좋아할까? 준비하기 귀찮고 설명하기도 복잡한데 그냥 편하게 해오던 활동이나 할까?' 교사는 학생들의 부정적인 반응에 대한 두려움 또는 새로운 시도에 대한 부담감 때문에 참신한 활동을 계획하지 못하는 경우가 많습니다. 새로운 활동을 하려면 아무래도 선생님의 수업 준비 시간과 노력이 필요합니다. 그에 비해 학생들에게 익숙한 활동을 하면 반응도 좋고 교사가 수업을 준비하기 위해 고민할 필요도 없습니다. 이게 얼마나 효율적인 수업인가요?

하지만 교사가 새로운 시도를 하지 않으면 항상 내 체육수업은 똑같은 자리에 머무르게 됩니다. 실패를 두려워하지 말고 새로운 활동에 도전해야 합니다. 체육수업은 조금 망쳐도 괜찮습니다. 학생들은 딱딱한 책상 앞에서 공부하지 않으니 그래도 체육시간을 좋아합니다. 학생들도 열심히 체육활동을 준비하는 선생님의 노력을 다 알고 있으니 거침없이 새로운 활동을 시도해 보는 것은 어떨까요?

그래도 새로운 활동이 부담스럽다면 '새로운 활동 20분 + 익숙한 활동 20분'으로 수업을 구성해 보는 것은 어떨까요? 만약 새로운 활동이 지루했다면 다음 20분은 평소보다 더욱 재미있을 것이며, 새로운 활동이 재미있었다면 그다음 익숙한 활동도 재미있어 더욱 좋습니다. 결국, 새로운 활동이 지루하든 재미있든 간에 다 도움이 되는 것입니다.

특히 준비운동이 새롭다면 더 좋습니다. 다양한 스트레칭 방법, 재미있는 준비운동 놀이를 익혀 신선함을 주는 것은 어떨까요? 학생들이 즐겁게 준비운동을 한다면, 준비운동에 대한 딱딱한 고정관념을 없앨 수 있을 것입니다.

새로운 활동을 시도함으로써 학생들은 '우리 선생님께서 수업 준비를 열심히 하시는구나'라고 느끼고, '오늘은 또 어떤 활동을 할까?' 궁금해 하며 체육시간을 애타게 기다립니다.
아무리 재미있는 활동도 계속한다면 재미없어지는 법, 두려워하지 말고 새로운 활동에 도전합시다!

1. 축구형 놀이

(#4학년)

지뢰 피하기 축구

활동영상 보러가기

▶ 학년 : **3~4학년군**

▶ 핵심성취기준 : **[4체03-06] 영역형 게임의 기본 기능을 탐색하고 게임 상황에 맞게 적용한다.**

▶ 장소 : | 교실 | 체육교실 | **체육관** | 운동장 |

▶ 상세준비물 : **팀조끼, 축구공, 콘**

#축구_드리블 #민첩성_향상 #팀조끼_공 ▾ 🔍

1. 팀조끼를 한 사람당 5개씩 묶는다.

놀이 소개

축구에서 중요한 기능인 드리블! 연습을 하려면 어렵고 지루하기만 합니다. 놀이를 통해서 드리블 연습을 재미있게 하고자 만들었습니다. 즐겁게 팀조끼 지뢰를 피해서 드리블을 하다 보면 어느새 드리블 실력이 쑥쑥 향상되어 있을 것입니다. 또한 드리블 연습 시 필요한 장애물도 선생님이 설치할 필요가 없이 놀이 과정에서 저절로 설치가 되므로 준비와 진행을 하기에도 편리한 놀이입니다.

① 경기장을 다음과 같이 설치한다.

- 폭 6m, 길이 10m 정도의 길을 만든다.

- 길의 시작과 끝에 콘을 두어 시작 지점과 도착 지점을 표시한다.

- 팀조끼를 한 사람당 5개씩 묶는다.

② 팀을 2팀으로 나누어 공격과 수비 순서를 정한다.

① 출발 신호에 맞추어 공격팀에서 한 명씩 시작 지점에서 도착 지점을 향해 드리블해 이동한다.

② 수비팀은 묶어둔 팀조끼를 도착 지점을 향해 드리블 하는 학생의 공을 향해 던진다.

- 팀조끼가 공에 맞을 경우에만 공격자가 다시 출발점으로 돌아간다.

- 팀조끼가 사람에 맞을 경우에는 공격자가 계속 진행할 수 있다.

③ 공격자가 도착 지점에 도착하면 +1점이 된다.

- 공격자가 도착 지점에 도착하면 다음 공격자가 출발한다.

- 공격자의 공이 수비팀 조끼에 맞은 경우에도 다음 공격자가 곧바로 출발한다.

④ 제한시간(3분) 안에 많은 득점을 한 팀이 승리한다.

• 팀조끼를 머리를 향해 던지지 않도록 주의시킵니다.

• 팀조끼의 수와 거리를 감안하여 난이도를 조절할 수 있습니다.

• 경기 시간은 학생들의 수준에 따라 조절하면 됩니다.

• 농구 드리블로 변형하여 놀이를 진행할 수 있습니다.

징검다리 축구

활동영상 보러가기

▶ 학년 : 3~4학년군
▶ 핵심성취기준 : [4체03-06] 영역형 게임의 기본 기능을 탐색하고 게임 상황에 맞게 적용한다.
▶ 장소 :

교실	체육교실	체육관	운동장

▶ 상세준비물 : **축구공, 목표물(미니골대, 콘, 점보스택스)**

> #가위바위보 #복불복 #목표물_선택   🔍

❶  ❷

❸  ❹

놀이 소개

축구는 다양한 기능이 필요하지만 그중에서 가장 중요한 기능은 원하는 곳에 공을 정확히 차는 것입니다. 공을 정확히 차는 것을 놀이를 통해 연습할 수 있습니다. 기존에 잘하는 학생들만이 득점을 하는 경기가 아니라 가위바위보라는 운의 요소를 넣어 모두가 득점을 할 가능성이 있는 놀이입니다.

또한 자신의 수준에 맞게 과녁을 정하는 과정에서 운동 기능이 뛰어난 학생과 부족한 학생 모두 즐겁게 참여할 수 있습니다.

① 경기장을 다음과 같이 설치한다.

- 두 팀으로 나눠서 공격 순서를 정한다.

- 수비팀은 2걸음 간격으로 나란히 선다.

- 가까울수록 크기가 크도록 목표물을 3개 설치한다.

- 가까운 과녁부터 먼 과녁 순으로 점수를 +1, +2, +3점으로 정한다.

① 시작 신호에 맞추어 첫 번째 학생이 출발한다.

② 수비팀 학생과 가위바위보를 하여 이기면 다음 사람과 가위바위보를 한다.

- 비기거나 지면 이길 때까지 같은 친구와 가위바위보를 한다.

- 빠른 진행을 위해 가위바위보는 공격팀에서 신호를 한다.

③ 수비팀 인원 +2만큼 가위바위보를 하여 마지막 횟수에 해당되는 곳에서 과녁을 향해 공을 찬다.

- 마지막 수비를 이긴 경우 다음 사람 옆에서 공을 찬다.

- 마지막 수비에게 비기거나 진 경우 마지막 수비 옆에서 공을 찬다.

④ 공격 학생이 공을 차는 동시에 공격팀 다음 학생이 출발하여 가위바위보를 한다.

⑤ 제한시간 안에 많은 득점을 한 팀이 승리한다.

- 목표물의 종류와 거리를 자유롭게 조절 가능합니다.

- 한 사람당 가위바위보 횟수를 조절할 수 있습니다.

- 수비팀 학생 사이의 간격을 조절할 수 있습니다.

- 한 팀당 7~8명 정도의 인원이 적절합니다.

활동영상 보러가기

운동장 ➕ 공

얼음땡 축구

▶ 학년 : **3~4학년군**
▶ 핵심성취기준 : **[4체03-05]** 영역형 게임을 다양하게 체험함으로써 상대 영역으로 이동하여 정해진 지점으로 공을 보내 득점하는 영역형 경쟁의 개념과 특색을 탐색한다.
▶ 장소 : | 교실 | 체육교실 | 체육관 | 운동장 |
▶ 상세준비물 : **팀조끼**(인원수 만큼), 축구공, 원마커

| #드리블_없는_축구 #움직임_중요 #골키퍼_없는_축구 ▾ | 🔍 |

놀이 소개

잘하는 몇 명이 주도하는 축구가 아닌, 모두가 즐겁게 참여하는 축구형 놀이는 없을까요? 모두가 공을 가지는 시간이 같게 만들면 누구나 즐겁게 축구를 할 수 있습니다. 기존의 한걸음 술래잡기와 비슷한 형태의 놀이로 모두가 공을 가진 사람이 셋을 셀 동안 움직이고 패스해야 합니다. 드리블이 없는 대신 공이 없을 때 빈 공간으로의 움직임이 중요하므로 축구의 전술을 이해하는 데도 도움이 되는 놀이입니다.

놀이 전 준비

① 골대 주변의 일정 영역을 원마커로 표시한다.

　- 원마커로 표시한 영역은 아무도 들어가지 못한다.

② 두 팀으로 나눠서 자신의 진영에 위치한다.

<경기장>

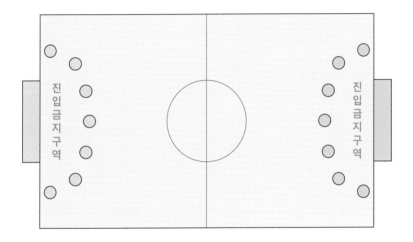

놀이 방법

① 시작 신호에 맞추어 공을 찬다.

② 공을 받은 학생은 "하나, 둘, 셋" 얼음을 외친다.

　- 나머지 학생들은 얼음을 외칠 때까지 공을 받기 좋은 곳으로 움직인다.

　- 공을 가진 학생들은 다른 학생들이 움직일 시간을 확보하기 위해 너무 빠르지 않게
숫자를 센다.

③ 얼음을 외친 학생은 3초 이내에 공을 받을 가장 좋은 학생에게 패스한다.

　- 공을 받는 학생은 한 발을 무조건 땅에 붙이고 받는다.

　- 공을 잡을 때 공이 튀어나가서 두 발을 모두 떼게 되면 가장 가까운 상대 팀 공이 된다.

④ 공을 받은 사람이 슈팅이 가능하다면 그 자리에서 슈팅을 할 수 있다.

- 공이 들어가면 중앙선에 공을 두고 다시 놀이를 시작한다.
- 공이 들어가지 않으면 상대 팀 중 한 학생이 진입금지구역 안에 공을 두고 셋을 센 후 골킥한다.

⑤ 제한시간 안에 골을 많이 넣은 팀이 승리한다.

놀이 Tip

- 공을 가진 학생은 모든 학생이 들을 수 있도록 크게 숫자를 셉니다.
- 숫자가 커지면 움직임이 더 많아질 수 있습니다.
- 진입금지구역의 크기는 변형 가능합니다.
- 공만 보기보다 상대 팀과 떨어져 공을 받기 좋은 공간을 확보하는 것이 중요합니다.

나만의 체육노트를 만들어라!

사람은 망각의 동물입니다. 지속적으로 실행하거나 적어두지 않으면 학생들의 반응이 좋았던 활동들을 하나씩 잊어갑니다. 요즘 교사들은 체육 연수나 인터넷 검색 등을 통해 새로운 체육활동을 많이 배웁니다. 하지만 내가 알고 있는 재미있는 활동을 하나씩 잊어간다면 제자리걸음이나 다름이 없습니다. 새로운 것을 배우기만 하면 무엇을 하겠습니까? 지키지 못하면 말짱 도루묵입니다. 나도 모르는 사이에 알고 있던 활동을 하나씩 잊어버려 반응이 좋았던 활동을 다시 사용하지 못하는 경우가 많습니다. 이는 참으로 안타까운 일입니다.

이미 선생님들은 다양한 체육활동을 알고 있습니다. 단지 체육시간을 앞두고 적절한 활동이 생각나지 않을 뿐입니다. 체육시간마다 유익한 활동을 찾아야 하는 번거로움을 줄이기 위해서 평소에 새롭게 알게 된 체육활동을 하나씩 정리해 둘 필요가 있습니다. 스마트폰 메모장, 한글 파일, 수첩 등 어디든 좋습니다. 제목만이라도 적어둡시다. 열심히 노력하여 얻은 내 소중한 자산을 한 번만 써먹고 잊어버리기에는 너무 아깝지 않을까요? 체육활동 목록이 쌓이다 보면 어느덧 10개, 20개의 활동이 되고 그 활동만 돌려가며 수업을 해도 오랜 시간 즐겁게 체육을 할 수 있습니다. 이와 같이 내가 이미 알고 있는 재미있는 활동을 돌려가며 체육을 한다면 학생들은 매 시간 새로움을 느끼며 즐겁게 참여할 것입니다.

이렇게 되면 교사는 반응이 좋았던 활동을 주기적으로 가르치며 점차 그 활동이 몸에 배게 되고 다음에는 더 잘 지도할 수 있게 됩니다. 교사는 익숙한 나만의 체육활동만큼은 자신 있게 가르칠 수 있으며, 그러한 자신감 속에 학생들은 더욱 안정된 환경에서 실제 체육활동 시간(ALT-PE)을 늘려 나갈 수 있습니다.

'티끌 모아 태산'이라는 말이 있듯이 새롭게 알게 된 체육활동을 하나씩 적어 모아둔다면 큰 자산이 될 것입니다. '오늘 체육시간에는 또 무엇을 하지?' 고민이 될 때, 나만의 체육노트를 살펴보며 써먹지 않았던 활동을 꺼내어 활용해 보는 것은 어떨까요? 지금부터 나만의 체육노트를 만들어 나간다면 '오늘 체육시간에는 무엇을 하지?'라는 고민은 자연스럽게 해결될 것입니다.

2. 발야구형 놀이

(#5학년)

발로 차고 발로 잡고

활동영상 보러가기

▶ 학년 : 5~6학년군
▶ 핵심성취기준 : [6체03-03] 필드형 게임 방법에 대한 이해를 바탕으로 게임을 유리하게 전개할 수 있는 전략을 탐색하고 적용한다.
▶ 장소 : | 교실 | 체육교실 | 체육관 | 운동장 |
▶ 상세준비물 : 고리(플라스틱 재질 지름 15cm), 원마커, 색 테이프

| #고리_놀이 #발야구 #수비전략 | ▾ | Q |

놀이 소개

'발로 차고 발로 잡고' 놀이는 공 대신 고리를 이용한 발야구형 놀이입니다. 먼저 교실에 홈베이스와 1루, 2루, 3루를 만들고 두 팀으로 나눕니다. 공격팀은 타순별로 홈 타석에서 고리를 밀듯이 차 공격합니다. 수비팀은 본루수와 각 루의 수비수를 제외한 학생들은 각 루 사이의 정사격형 필드 안에서만 수비합니다.

링을 발로만 잡을 수 있으며, 1루로 링을 전달해서 아웃시킬 때에도 발로 밀듯이 차서 반드시 발로 잡도록 합니다. 공격 시 타자가 수비팀을 뚫고 링을 수비수가

143

없는 홈런 칸에 안착시키면 진루한 타자들을 모두 불러올 수 있습니다. 전원 타격제로 진행하여 다득점한 팀이 승리하는 놀이입니다.

① 교실 중앙을 수비 위치로 하고 홈베이스와 1루, 2루, 3루를 원마커로 표시한다.
② 경기장 홈런, 파울 라인을 색 테이프를 이용하여 교실 바닥에 만든다.
 - 색 테이프를 사용하지 않을 때는 접시콘, 책상이나 의자 등 교실 기물을 이용하여 라인을 만든다.
③ 두 팀으로 나누어 공격팀은 대기 위치에 앉고, 수비팀은 수비 위치와 각 루 베이스에서 준비한다.

<경기장>

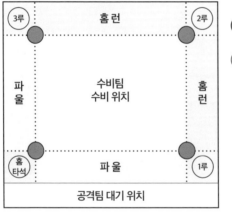

놀이 방법

① 공격팀은 고리를 밀듯이 차서 진루한다.
② 수비팀은 고리를 발로 잡아 각 루에 있는 수비수들에게 발로 차 전달하여 공격팀을 아웃시킨다.
 - 각 루에서 수비하는 학생은 반드시 한쪽 발은 수비팀 베이스를 밟고 있어야 하며, 몸은

수비 라인 안쪽에 위치한다.

- 수비팀은 공격팀이 진루해 있는 어떤 루상으로도 고리를 전달하여 아웃시킬 수 있다.

③ 수비팀은 수비 라인 안에서만 수비할 수 있고 홈런 라인과 파울 라인 안으로 넘어가지 않는다.

④ 공격 시 타석에서 링을 차 수비수를 뚫고 홈런 라인에 링을 도달시키면 바로 득점한다.

- 파울 라인에 3번 이상 넘어가면 아웃이 되며 고리를 띄워 차면 바로 아웃된다.

- 고리를 찰 때는 손은 사용하지 않으며 발바닥으로 누른 채로 밀어 찬다.

- 진루는 한 번에 1루씩 진루하도록 한다.

- 홈런은 고리가 반드시 홈런 라인 안에서 멈추어야 하며, 교실 벽이나 기물을 맞고 튕겨 나온 것은 홈런으로 인정하지 않는다. 이어서 수비팀은 맞고 나온 고리를 전달하여 수비할 수 있다.

⑤ 전원 타격제로 하여 게임을 진행하고 다득점한 팀이 승리한다.

놀이 Tip

- 고리를 발로 일부러 띄워 차면 아웃으로 판정합니다.
- 수비수들의 위치를 잘 파악하여 빈 곳을 노려 고리를 찰 수 있도록 지도합니다.
- 타석에서 고리를 찬 후 진루할 때 충돌하지 않도록 수비팀은 수비 라인 바깥으로 넘어 가지 않습니다.
- 교실 벽을 맞고 튕겨 나온 고리는 수비팀이 각 루로 전달하여 아웃시킬 수 있습니다.
- 수비 라인을 책상이나 의자 등을 이용하면 장애물이 생겨 더욱 재미있게 놀이를 할 수 있습니다.

반대로 발야구

활동영상 보러가기

▶ 학년 : 5~6학년군
▶ 핵심성취기준 : [6체03-03] 필드형 게임 방법에 대한 이해를 바탕으로 게임을 유리하게 전개할
수 있는 전략을 탐색하고 적용한다.
▶ 장소 : | 교실 | 체육교실 | 체육관 | **운동장** |
▶ 상세준비물 : 공(피구공 또는 배구공), 베이스, 접시콘, 콘

#발야구 #필드형_놀이 #수비_집중 🔍

놀이 소개

'반대로 발야구' 놀이는 중간에서 팀별로 번갈아 공을 차서 자기 팀의 콘을 돌아 베이스를 먼저 밟는 팀이 1점을 획득하는 놀이입니다. 먼저 운동장 가운데에 각 팀의 베이스를 하나씩 두어 경기장을 만듭니다. 각 팀에서 한 명씩 번갈아 상대 팀 필드로 공을 차 공격을 하고, 자기 팀 필드상의 콘을 돌아 수비팀보다 먼저 베이스를 밟으면 득점합니다. 이때 수비팀이 먼저 공을 잡아 자기 팀 베이스를 먼저 밟으면 아웃이 되어 공격팀은 득점을 하지 못하게 됩니다. 또한 양쪽 골대에 골을

넣으면 홈런이 되어 4점을 획득할 수 있습니다. 각 팀에서 번갈아 할 수 있으므로 야구형 게임의 단점인 실제 활동시간 감소를 줄일 수 있는 장점이 있습니다. 이 놀이는 변수가 많아 운동 능력에 상관없이 누구나 득점할 수 있는 것이 특징입니다.

놀이 전 준비

① 경기장을 다음과 같이 준비한다.
  - 운동장 중간에 각 팀별 베이스를 놓고 각 팀 필드 중간에 콘을 위치시킨다.
  - 베이스는 약 2m 정도 간격을 두어 설치한다(충돌 방지).
  - 각 팀의 콘은 공을 차는 타석에서 약 7~8m 정도 간격으로 설치한다.
  - 공을 차는 타석을 중심으로 접시콘으로 타원 모양이 라인을 만든다.
  - 공을 운동장 중앙에 위치시키고 각 필드 끝에 골대를 위치시킨다..
  - 골대가 없을 경우 간이 골대를 설치하거나 높이가 높은 콘으로 표시한다.
② 두 팀으로 나누어 놀이를 준비한다.

<경기장>

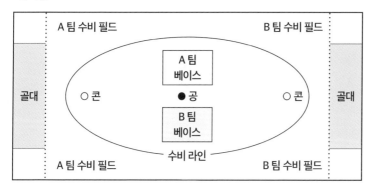

놀이 방법

① 각 팀은 번갈아가며 공을 상대 팀의 필드로 찬다.
② 공격팀의 선수는 상대 팀 필드로 공을 찬 후 자기 팀 콘을 돌아 베이스를 밟으면 득점한다.
  - A 팀은 B 팀의 수비 필드로 공을 차고 A 팀 수비 필드에 있는 콘을 돌아 베이스를 밟는다.

- 공격팀은 수비팀이 공을 잡아 베이스를 밟기 전에 콘을 횟수에 제한 없이 돌 수 있다. 이때 돈 횟수만큼 득점한다.

예) 한 바퀴를 돌면 1점, 두 바퀴를 돌면 2점 획득

③ 수비팀의 선수는 공을 바로 잡거나 바운드된 공을 잡아 베이스를 밟으면 아웃시킬 수 있다.
- 수비팀은 서로 협력하여 공을 패스하여 베이스를 밟는다.
- 수비팀은 공격팀 선수가 공을 차기 전에 타원 모양의 라인 안으로 들어가 수비할 수 없다(수비제한선).
- 여학생이 공격한 공은 여학생이, 남학생이 공격한 공은 남학생이 수비하도록 해도 된다.
④ 각 팀의 골대에 바로 공을 차 골을 넣으면 홈런이 되어 한 번에 4점을 득점할 수 있다.
- 골대가 없을 때 상대 팀 콘을 맞히는 것을 홈런으로 인정하여 놀이를 진행한다.
⑤ 전원 타격제(2이닝 추천)로 하여 게임을 진행하고 다득점한 팀이 승리한다.

놀이 Tip

- 수비 시 학생들이 충돌하지 않도록 유의합니다.
- 각 팀의 학생들은 공격과 수비 시 반드시 자기 팀의 베이스만 밟도록 합니다.
- 반드시 자기 팀의 콘을 돌아 베이스를 밟을 수 있도록 합니다.
- 간이 골대를 설치하거나 홈런을 없애고, 골대를 설치하지 않고 게임을 진행해도 됩니다.
- 배구공 대신, 피구공, 스펀지공 등 부상 위험이 적은 공을 사용하여도 됩니다.

마름모 발야구

활동영상 보러가기

▶ 학년 : 5~6학년군
▶ 핵심성취기준 : [6체03-03] 필드형 게임 방법에 대한 이해를 바탕으로 게임을 유리하게 전개할
　수 있는 전략을 탐색하고 적용한다.
▶ 장소 : | 교실 | 체육교실 | 체육관 | **운동장** |
▶ 상세준비물 : 공(피구공, 배구공), 베이스, 접시콘

#발야구_놀이 #운동장_놀이 #수비_집중

놀이 소개

'마름모 발야구'는 모든 학생들이 필드에 들어와 경기에 참여하는 놀이입니다. 마름모 경기장을 만들고 양 끝에 베이스를 둡니다. 공격팀은 자기 팀 베이스에서 공을 차 상대 팀 베이스를 밟으면 1점 득점합니다. 수비팀은 공을 잡아 공격팀의 베이스를 밟으면 아웃시킬 수 있습니다. 이 놀이는 각 팀에서 번갈아 할 수 있으므로 야구형 게임의 단점인 실제 활동시간 감소를 줄일 수 있는 것이 특징입니다.

① 마름모형 필드를 접시콘으로 만들고 양 끝에 베이스를 둔다.
   - 각 팀의 베이스는 중앙선을 기준으로 약 5m 간격으로 설치한다.
② 공을 두 개 준비하여 각 팀에서 빠르게 공수 전환하여 진행할 수 있도록 한다.
③ 두 팀으로 나누어 놀이를 준비한다.

<경기장>

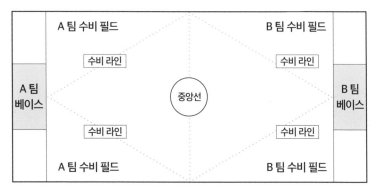

① 각 팀은 번갈아가며 상대 팀의 필드를 향해 공을 찬다.
② 공격팀의 선수는 상대 팀 필드를 향해 공을 차고, 상대 팀 베이스를 밟으면 득점한다.
   - 공격팀 선수는 빈 곳을 노리거나 공을 차는 거리를 짧게하여 상대 팀 베이스로 달리는
     시간을 길게 가져가는 전략을 짜 공격한다.
③ 수비팀의 선수는 공을 바로 잡거나 바운드된 공을 잡아 상대 팀의 베이스를 밟으면 아웃
   시킬 수 있다.
   - 수비팀 선수는 공격팀 선수가 공을 차기 전까지 수비 라인 안쪽으로 절대 넘어오지
     않는다.
   - 공격팀 선수가 공을 차고 달릴 때 수비 선수와 부딪히거나 접촉하면 두 팀 다 1점씩
     실점한다.
   - 수비팀 선수는 뜬 공을 바로 잡아 아웃시킬 수 있으며, 바운드 된 공은 서로 패스하여

협력 수비를 하도록 한다.

④ 전원 타격제(2이닝 추천)로 하여 놀이를 진행하고 다득점한 팀이 승리한다.

놀이 Tip

- 경기장 안에 많은 학생들이 함께 움직이므로 충돌에 유의합니다. 충돌 시 양 팀 모두 1점씩 실점합니다.
- 파울이 없으므로 공을 차는 능력에 상관없이 누구나 상대 팀 베이스를 공략할 수 있습니다.
- 공격 전략이 중요하므로 사전에 작전회의를 할 시간을 충분히 가집니다.
- 공격팀이 공을 찰 때까지 수비팀 선수는 수비 라인 안으로 넘어갈 수 없습니다.
- 통학 학급의 경우 특수 학생은 상대 팀 베이스 대신 중앙선을 넘어가는 등 핸디캡을 줄입니다.

운동 기능이 부족한 학생들의
눈으로 바라본 체육수업

초임 교사 시절, 저는 수업 중에서도 학생들이 가장 좋아한다고 이야기하는 체육수업에 조금 더 신경을 써왔습니다. 다른 교과 수업에 비하여 학생들의 즐거움이 표정과 행동에서 바로바로 드러나서 체육수업을 통해 보람을 느낀 경우가 많았기 때문입니다.

그러던 중 한 학생과 상담을 하며 체육수업 전반에 대해 다시 생각해 보게 되었습니다. 상담을 한 학생은 운동 기능이 떨어져 실수를 하면 친구들이 눈치를 주는 것 같아 체육시간이 전혀 즐겁지가 않고, 오히려 체육시간이 금방 지나가 버렸으면 한다는 말을 하였습니다. 체육수업을 통해 학생들과 교사 모두 즐겁게 시간을 보냈다고 생각을 해왔던 저에게는 큰 충격이 아닐 수 없었습니다.

학생과의 상담 이후 저는 학생들이 다 함께 즐겁게 참여할 수 있는 방안에 대해 고민을 하게 되었습니다. 처음에는 기능 연습을 할 때 운동 기능이 떨어지는 학생들을 모아 놓고 조금 더 신경 써주면 게임에서 차이가 줄어들 것이라고 생각했습니다. 하지만 학생들이 이미 주눅이 들어 있는 상태에서 신경 써주는 것에 오히려 부담을 느끼는 것 같아 다른 방법을 찾게 되었습니다. 또래 교수의 방법을 써서 친구들끼리 서로 도와 함께 배우는 것도 고려를 해보았지만, 단순한 기능의 연습에는 적용이 되더라고 게임을 하는 상황이 되면 다시 처음과 같은 분위기가 조성되었습니다.

그러던 중 우연히 찾은 방법이 놀이체육이었습니다. 놀이는 스포츠와 다르게 규칙을 변형할 수 있는 여지가 있어 난이도를 조절하기가 수월하다는 점에서 해결의 실마리를 찾을 수 있었습니다. 또한 놀이에는 가위바위보와 같은 운의 요소가 함께 작용을 하면 운동 기능이 뛰어나지 않은 학생도 이길 수 있는 여지가 있어 학생들이 점차 즐겁게 참여하는 모습을 볼 수가 있었습니다. 아울러 스포츠와 달리 승패의 구조가 불분명하여 운동 기능이 뛰어나지 않은 학생도 실수를 하였을 때 웃고 넘길 수 있는 점에서 즐거운 분위기를 만들 수 있었습니다.

체육시간에 참여를 주저하는 학생 때문에 고민 중인 선생님들께서도 놀이의 요소를 넣어서 체육수업을 운영하다 보면 고민의 해답이 될 수 있지 않을까 생각해 봅니다.

3. 족구형 놀이

(#6학년)

활동영상 보러가기

교실 + 공

인간 핀볼

▶ 학년 : 5~6학년군

▶ 핵심성취기준 : [6체03-05] 네트형 게임을 종합적으로 체험함으로써 네트 너머에 있는 상대의 빈
공간에 공을 보내 받아 넘기지 못하게 하여 득점하는 네트형 경쟁의
개념과 특성을 탐색한다.

▶ 장소 : | 교실 | 체육교실 | 체육관 | 운동장 |

▶ 상세준비물 : 족구공(피구공, 스펀지공), 색 테이프 또는 줄넘기

#족구_놀이 #핀볼 #교실 놀이

놀이 소개

'인간 핀볼'은 족구형 놀이로 중간에 선을 두고 두 팀이 상대 팀 영역으로 공을 밀어내어 더 많은 공을 밀어 낸 팀이 이기는 놀이입니다. 교실 중간에 색 테이프나 줄넘기로 중간선을 표시하고 두 팀으로 나누어 공을 8개~ 10개 등 임의로 두어 상대 팀으로 밀어냅니다. 이때 반드시 발만을 사용해야 하며, 각 팀의 학생들은 움직일 수 없습니다. 신체 조건에 상관없이 공을 밀어내기만 하면 되므로 누구나 놀이에 참여할 수 있고 재미있게 놀이를 즐길 수 있습니다.

① 색 테이프나 줄넘기를 이용하여 교실 중간에 선을 그어 경기장을 만든다.

② 공을 준비하되 어떤 공을 사용해도 무관하다.

③ 색 테이프로 된 네트를 중간에 두고 각각 1.5m 정도 거리를 띄우고 양 팀은 일렬로 나란히 앉는다.

<경기장>

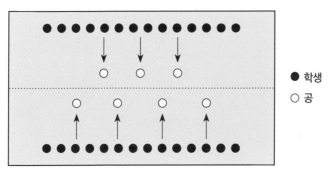

① 시작 신호와 함께 각 팀은 경기장 안에 있는 공을 상대 팀으로 최대한 빨리 밀어 넣는다.

- 이때 각 팀은 앉아서 이동할 수 없으며, 단지 다리와 발만을 이용해서 공을 밀어낸다.

- 공을 밀어낼 때는 발바닥만 사용하도록 하며, 자기 팀의 학생들과 접촉하여 다치지 않도록 유의한다(무릎은 굽힐 수 있다.).

- 공이 멈추었을 때 발이 닿지 않을 경우 그 공은 건드릴 수 없다.

② 종료 신호와 함께 놀이가 끝나면 중간선을 기준으로 공이 적게 남아있는 팀이 1점을 득점한다.

③ 여러 라운드를 자유롭게 진행하여 다득점한 팀이 승리한다.

놀이 Tip

- 각 팀은 중간선을 기준으로 같은 거리에 앉아 엉덩이를 떼지 않고 발만 사용합니다.

- 공이 팀원들 사이로 빠질 경우 건드릴 수 없습니다.

- 공을 발등으로 올리거나 몸을 움직여 반칙하지 않도록 합니다.

- 공이 오는 방향을 잘 살펴 공을 잘 밀어냅니다.

- 족구공 대신 피구공, 스펀지공 등 부상 위험이 적은 공을 사용하여도 됩니다.

원 안으로 서브 놀이

활동영상 보러가기

▶ 학년 : 5~6학년군
▶ 핵심성취기준 : [6체03-05] 네트형 게임을 종합적으로 체험함으로써 네트 너머에 있는 상대의 빈
공간에 공을 보내 받아 넘기지 못하게 하여 득점하는 네트형 경쟁의
개념과 특성을 탐색한다.
▶ 장소 : | 교실 | 체육교실 | **체육관** | 운동장 |
▶ 상세준비물 : **족구공(피구공 또는 스펀지공), 접시콘**

| #족구_리시브 #협응성 #수비전략 ▾ | 🔍 |

놀이 소개

'원 안으로 서브'는 족구형 놀이로 네트 없이 족구의 기본 기능인 서브와 리시브를
익히기 위한 놀이입니다. 공격팀과 수비팀으로 나누어 수비팀은 원형 경기장 안
에 위치하고, 공격팀은 원형 경기장 안에 공을 서브하여 넣으면 득점하는 놀이입
니다. 발을 이용한 공놀이에 자신이 없는 학생들도 본인 순서에 한 번만 공을 차
면 되므로 누구나 자신 있게 할 수 있는 놀이입니다.

놀이 전 준비

① 접시콘을 이용하여 지름 4m 정도의 원형 경기장을 만든다.
- 학급의 모든 학생들이 게임을 동시에 진행하기 위하여 3~4개 정도 만든다.
② 족구공이나 축구공을 준비한다. 족구공의 경우 딱딱하여 부상 위험이 있다고 판단되면 피구공 또는 배구공을 사용하거나 스펀지공을 사용한다.
③ 경기장마다 공격 4명, 수비 4명 정도 진행할 수 있도록 한다.

놀이 방법

① 공격팀은 발로 서브를 하여 원형 경기장 안쪽 바닥에 공을 넣으면 득점한다.
② 수비팀은 공격팀이 찬 공을 머리와 무릎 밑 다리와 발을 이용하여 공이 바닥에 닿기 전에 경기장 바깥으로 내보내면 득점한다.
- 수비 시 머리와 무릎 밑 다리가 아닌 다른 신체 부위를 사용할 경우 반칙으로 공격팀이 1점 득점한다.
③ 다음과 같은 경우 공격팀이 득점한다.
- 서브를 통하여 공을 원형 경기장 바닥에 닿게 했을 때 득점하며 원형 경기장 바깥에 먼저 공이 닿으면 수비팀이 1점 득점한다.
- 수비 선수가 머리와 무릎 아래 부위가 아닌 다른 신체 부위가 공에 닿았을 때 득점한다.
④ 한 번의 공격에 수비팀과 공격팀이 득점하므로 양 팀 선수들이 집중해서 임하도록 한다.
⑤ 먼저 15점을 득점한 팀이 승리하게 되며 1세트가 끝나면 공수 교대를 한다.
⑥ 더 많은 라운드 및 세트를 진행한 후 많이 이긴 팀이 승리한다.

놀이 Tip

• 수비팀 학생은 원형 경기장 바깥에서도 활동할 수 있도록 하여 서로 부딪쳐 부상을 당하지 않도록 움직임에 제한을, 공격팀은 무조건 발을 이용하여 서브를 넣을 수 있도록 합니다.
• 족구공 대신 더 가벼운 배구공을 이용하거나 피구공, 스펀지공 등 부상 위험이 적은 공을 사용하여도 됩니다.
• 서브가 어려운 학생은 공을 한 번 튀기거나 손에 잡고 차도록 합니다.
• 공격팀은 여러 방향에서 공격하는 등의 변화를 주어 게임을 진행하면 더 좋습니다.

하나, 둘, 셋 서브 놀이

활동영상 보러가기

▶ 학년 : 5~6학년군

▶ 핵심성취기준 : [6체03-05] 네트형 게임을 종합적으로 체험함으로써 네트 너머에 있는 상대의 빈 공간에 공을 보내 받아 넘기지 못하게 하여 득점하는 네트형 경쟁의 개념과 특성을 탐색한다.

▶ 장소 : | 교실 | 체육교실 | 체육관 | 운동장 |

▶ 상세준비물 : 족구공(피구공, 스펀지공), 줄넘기, 콘, 족구 네트

#족구_놀이 #협응성 #서브_자신감

놀이 소개

'하나, 둘, 셋 서브'는 족구형 놀이로 단계별 네트를 향해 원하는 곳으로 공을 보내기 위해 족구의 기본 기능인 서브를 익히기 위한 놀이입니다. 경기장을 두 개 만들고 두 팀으로 나누어 한 경기장에 네트를 3단계로 높이를 다르게 하여 영역별로 점수를 부여합니다. 네트 높이에 난이도를 주어 서브 연습을 할 수 있고, 1단계는 네트 높이를 최대한 낮추어 누구나 득점하여 자신감 있게 족구형 게임을 연습할 수 있는 놀이입니다.

① 줄넘기, 콘, 족구네트 등을 이용하여 단계별 네트를 설치한 경기장을 팀별로 두 개 만든다.
  - 1점 라인 : 줄넘기
   2점 라인 : 콘
   3점 라인 : 족구 네트(학생들 키에 맞게)
② 족구공을 준비한다. 족구공의 경우 딱딱하여 부상 위험이 있다고 판단되면 피구공이나
  스펀지공을 사용하면 된다.

\<경기장\>

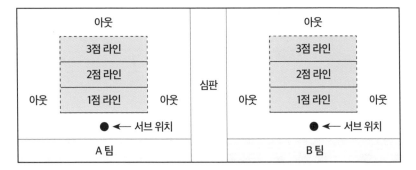

① 두 팀은 발로 서브를 통하여 경기장 단계별 라인에 공을 넘기면 득점한다.
② 서브는 반드시 경기장 바깥에서 하는 것으로 하고, 서브 방법은 무릎 아래를 사용한다.
③ 각 팀은 동시에 한 명씩 서브를 하여 한 팀이 15점을 먼저 내면 세트를 마무리하고 새로
  시작한다.
  - 학생들이 순서대로 서브를 하게 하고 횟수에는 제한을 두지 않고 먼저 득점을 한 팀이
   승리하게 된다.
  - 각 팀별로 한 명씩 심판을 경기장 중간에 두어 상대 팀 점수를 세어 준다.
④ 여러 세트를 진행하여 많이 이긴 팀이 승리한다.

놀이 Tip

- 심판은 각 팀에서 나와 상대 팀의 점수를 세어 줍니다.

- 경기장 바깥으로 공이 닿으면 아웃으로 '0'점입니다.

- 영역별 네트는 다양한 종류의 용품을 사용하여 난이도를 조절합니다.

- 서브가 어려운 학생은 공을 한 번 튀기거나 손에 잡고 차도록 합니다.

- 족구공 대신 피구공, 스펀지공 등 부상 위험이 적은 공을 사용하여도 됩니다.

운동장의 거리, 자로만 재야 할까?

처음 좋은 체육수업을 위해 자료를 찾고 수업에 적용할 때 부딪혔던 난관은 거리와 관련한 것이었습니다. 좋아 보이는 활동 자료에는 경기장의 규격이나 거리 등이 m 등으로 명시가 되어 있습니다. 하지만 자를 가지고 수업을 하는 것이 아니라 수업을 진행하면서 눈대중으로 세팅을 하고, 길이를 다시 수정하면서 진행해야 하는 경우가 종종 생겼습니다. 또한 스포츠클럽 대회에서 축구 심판을 볼 때 가장 어려웠던 점도 이와 같이 거리와 관련된 것이었습니다. 프리킥 상황에서 걸음으로 길이를 재서 벽을 세우라고 했는데 그때그때 길이가 달라 학생들에게 상대 팀과 길이를 왜 다르게 하느냐는 이야기가 나오기도 했습니다. 또한 한 걸음을 1m로 생각하고 거리를 측정하니 생각보다 거리가 가깝게 되는 경우도 많았습니다. (실제로 1m를 한 걸음으로 측정하려면 평상시의 걸음으로는 걷지 못할 정도로 다리를 많이 벌려야 합니다.)

이러한 불편함을 없애기 위해 줄자를 사용하여 경기장을 준비를 하게 되었는데 여기에도 문제가 있었습니다. 준비를 하는 데 시간이 너무 걸리고, 행여나 줄자를 놓고 온 날이면 이전의 상황이 반복될 수밖에 없었습니다. 또한 상황에 맞게 바로바로 위치를 지정해야 할 때, 일일이 자로 길이를 잴 수도 없는 노릇이었습니다.

이런 고민을 해결해 준 계기는 2학년 수학시간이었습니다. 학생들과 임의 단위인 걸음으로 학교의 나무와 나무 사이 길이를 맞히기 활동을 하던 중 학생들이 답을 찾기 위해 하는 행동을 보고 평소 고민하던 것이 한번에 해결되었습니다. 그것은 학생들이 1m의 길이를 표시해 놓으면 평소 걸음으로 몇 걸음 정도가 1m가 되는지 감을 잡는 것이었습니다.

현장에서 수업을 진행하는 선생님들이 평소 1m를 몇 걸음 정도에 걸으면 되는지 연습한 후에 수업에 적용한다면 스포츠나 놀이에서 길이와 관련한 고민이 줄어들 것이라 생각합니다.

CHAPTER 03

손+공놀이

1. 농구형 놀이

(#4학년)

좌충우돌 드리블

활동영상 보러가기

▶ 학년 : 3~4학년군
▶ 핵심성취기준 : [4체03-06] 영역형 경쟁 활동에 참여하면서 기본 기능을 수행할 수 있다.
▶ 장소 : | 교실 | 체육교실 | 체육관 | 운동장 |
▶ 상세준비물 : 탱탱볼 2개, 의자 2개, 실내화

| #농구_드리블 #실내화_장애물 #릴레이_협동 | Q |

교실을 반으로 나누어 A영역과 B영역으로 나눈다.

상대방 영역에 실내화 한 짝씩 놓는다.

드리블을 하며 반환점을 돌아온다.

마지막 주자가 출발선으로 먼저 들어오는 팀이 승리한다.

놀이 소개

농구형 놀이에 꼭 필요한 기본 기능인 드리블! 실내화 장애물을 피해 드리블하며 기본 기능과 즐거움을 함께 얻을 수 있는 놀이입니다. 기본 드리블은 운동 신경이 좋은 친구에게만 유리하지요? 학생들이 실내화를 상대 팀 경기장에 전략적으로 유리한 곳에 놓습니다. 실내화 장애물로 인해 누구나 실수할 수 있고 또 누구나 이길 수 있는 놀이입니다.

165

① 경기장을 다음과 같이 설치한다.

    - 책상을 한쪽으로 밀어서 넓은 공간을 확보한다.

    - 교실을 반으로 나누어 A 영역과 B 영역으로 구분한다.

    - 각 영역의 양 끝을 출발점과 반환점(의자)으로 정한다.

② 심판 2명을 제외하고 2개 팀으로 나누어 경쟁한다.

③ 첫 번째 주자가 출발점에 서고 나머지 주자들은 두 영역 사이에 등지고 일렬로 앉는다.

<경기장>

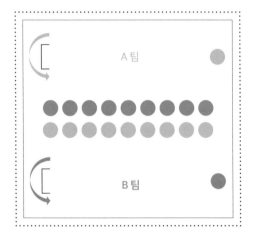

① A 팀 주자들은 B 영역에 실내화 한 짝씩 놓고 온다.

② B 팀 주자들은 A 영역에 실내화 한 짝씩 놓고 온다.

③ 실내화를 놓은 주자들은 두 영역 사이에 등지고 앉아 벽 역할을 한다.

    - 공이 상대 팀 영역에 들어가 방해되는 것을 방지한다.

    - 굴러가는 공을 주워서 주자에게 주는 것은 금지한다.

④ 출발 신호에 맞춰 공을 드리블하며 반환점을 돌아온다.

⑤ 심판의 역할이 중요하다.

- 심판은 주자를 따라 다닌다.

- 주자가 공을 놓치면 주자는 공을 직접 주워온다.

- 심판은 주자가 공을 놓친 위치에 선다.

- 공을 주워온 주자는 심판과 하이파이브를 한 후 이어서 드리블을 한다.

⑥ 주자가 출발선으로 돌아와 다음 주자에게 공을 건네준다.

⑦ 공을 전달한 주자는 마지막 주자 옆에 가서 앉는다.

⑧ 마지막 주자가 출발선으로 먼저 들어오는 팀이 승리한다.

놀이 Tip

• 심판은 주자의 근처에 위치해 경기가 빠르게 진행될 수 있도록 합니다.

• 앉아 있는 주자들은 주자가 바뀔 때 한 칸씩 이동하여 앉습니다.

• 탱탱볼, 피구공, 배구공 등 탄성이 좋은 공을 사용합니다.

• 드리블 숙달도에 따라 실내화의 개수를 늘리거나 줄일 수 있습니다.

• 경기장 모양을 원으로 하여 원을 도는 릴레이 드리블을 할 수 있습니다.

운동장 ➕ **공** ▐▐

요리조리 패스왕

활동영상 보러가기

▶ 학년 : **3~4학년군**

▶ 핵심성취기준 : **[4체03-06] 영역형 경쟁 활동에 참여하면서 기본 기능을 수행할 수 있다.**

▶ 장소 :

교실	체육교실	체육관	운동장

▶ 상세준비물 : **피구공 2개, 팀조끼**

#농구_패스 #앉아_일어나 #소통_스피드	▾	🔍

❶ A, B팀 모두 하나의 원 모양으로 선다.

❷ 호루라기 소리와 함께 경기를 시작한다.

❸ 공을 받고 패스를 성공하면 제자리에 앉아요.

❹ 먼저 모두 제자리에 앉는 팀이 승리한다.

놀이 소개

농구형 놀이에 꼭 필요한 기본 기능인 패스! 패스를 하면서 정확성과 신속성을 기를 수 있는 놀이입니다. 서로의 이름을 부르며 공을 주고받는 활동을 통해 소통의 중요성을 익히고 협동심을 기를 수 있는 일석이조 놀이입니다.

체스트 패스, 원바운드 패스, 원핸드 패스, 투핸드 패스 등 학생 개인 기능에 따라 수준별로 적용할 수 있습니다.

① A 팀, B 팀으로 나누어 다른 색 팀조끼를 입는다.

② A 팀과 B 팀 모두 하나의 원 모양으로 선다.

   - 원으로 설 때 A, B 팀원이 번갈아 선다.

   - 양팔 간격보다 더 넓게 선다.

③ 각 팀의 팀원 중 1명이 피구공 1개씩 들고 준비한다.

① 경기 시작과 함께 A 팀은 A 팀끼리, B 팀은 B 팀끼리 패스를 건넨다.

   - 패스를 할 때 팀원의 이름을 크게 부르며 건넨다.

   - 바로 옆에 있는 팀원에게 패스하는 것은 금지한다.

② 공을 받고 패스를 성공한 팀원은 제자리에 앉는다.

③ 다음과 같은 경우에는 패스 실패로 간주한다.

   - 공이 땅에 2번 이상 튀긴 경우

   - 공이 원 밖으로 벗어난 경우

   - 상대 팀에게 잘못 패스한 경우

④ 패스를 실패한 경우 앉아 있던 팀원 모두 일어서서 다시 시작한다.

⑤ 먼저 모두 제자리에 앉는 팀이 승리한다.

• 공을 패스할 때는 꼭 이름을 불러 신호를 주고받습니다.

• 농구공보다는 말랑한 공을 활용하여 활동합니다.

• 공의 크기, 재질, 경기장의 크기에 따라 난이도를 조절하여 적용 가능합니다.

• 숙달도에 따라 패스의 종류에 제한을 두어 적용할 수 있습니다.

• 인원이 홀수일 경우 한 명은 원 가운데에서 방해자 역할을 할 수 있습니다.

순+공놀이

징검다리 농구

활동영상 보러가기

▶ 학년 : 3~4학년군
▶ 핵심성취기준 : [4체03-07] 영역형 경쟁 활동을 하며 전략을 이해하고, 이를 게임 상황에서 창의적으로 적용할 수 있다.
▶ 장소 : | 교실 | 체육교실 | 체육관 | 운동장 |
▶ 상세준비물 : 팀조끼 2개(공 역할)

#농구_징검다리 #패스_정확히 #소통_스피드 🔍

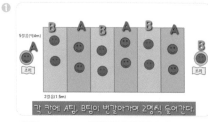
각 칸에 A팀, B팀이 번갈아가며 2명씩 들어간다.

한 칸 건너에 있는 우리팀에게 조끼를 패스한다.

+1

10점을 먼저 득점한 팀의 승리!

놀이 소개

운동 능력이 뛰어난 학생들만 좋아하는 농구? 딱딱한 공을 무서워하는 학생들도 농구형 놀이의 즐거움을 느낄 수 있습니다. 성별, 운동 능력과 상관없이 누구나 즐길 수 있는 징검다리 농구는 각자의 영역에서 팀조끼를 패스, 전달하여 득점하는 놀이입니다.

다칠 위험이나 소외감을 없애고 즐거움을 높이는 징검다리 농구를 소개합니다.

① A 팀, B 팀으로 나누어 다른 색 팀조끼를 입는다.

② 직사각형으로 길게 경기장을 그린다.

③ 경기장을 6칸으로 나누고, 양 끝에 작은 원을 그린다.

④ 경기장 각 칸에 A 팀, B 팀이 2명씩 번갈아가며 들어간다.

⑤ 원에 골키퍼가 팀조끼 1개를 들고 위치한다.

<경기장>

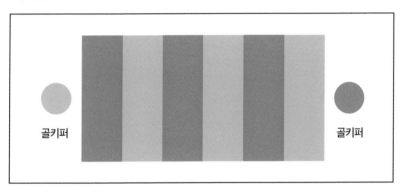

골키퍼   골키퍼

① 경기를 시작하면 골키퍼는 바로 앞 상대 팀에게 팀조끼를 건넨다.

② 받은 팀조끼를 한 칸 건너 있는 자기 팀에게 패스한다.

  - 패스를 할 때 팀원의 이름을 크게 부르며 건넨다.

③ 패스를 연결해 자기 팀 골키퍼에게 팀조끼를 전달하면 득점한다.

④ 다음과 같은 경우 공격권이 넘어가고 팀조끼를 상대 팀에게 주어야 한다.

  - 패스한 팀조끼를 상대가 가로챈 경우

  - 팀조끼를 받지 못해 땅에 떨어진 경우

  - 패스한 팀조끼를 두 팀 선수가 동시에 잡은 경우

  - 팀조끼가 두 칸 건너 자기 팀에게 건네진 경우

⑤ 골키퍼가 원 밖에서 조끼를 받으면 무효가 된다.

⑥ 득점한 팀조끼는 바로 바로 앞 상대 팀에게 건네주고 경기를 이어간다.

⑦ 10점을 먼저 득점한 팀이 승리한다.

놀이 Tip

- 팀조끼를 패스할 때는 꼭 이름을 불러 신호를 주고받습니다.
- 안전을 위해 상대의 신체를 만지는 행위는 금지합니다.
- 목표 점수를 달리하거나 시간제한 경쟁 경기를 할 수 있습니다.
- 숙달도에 따라 팀조끼를 묶어 사용하거나 공을 이용하여 경기를 할 수 있습니다.
- 인원에 따라 경기장의 너비, 칸의 수를 달리하거나 한 줄로 서서 경기를 할 수 있습니다.

REMIND 추억의 골목 놀이

어린 시절 동네마다 울려 퍼지던 아이들의 웃음소리는 이제 찾아보기 어렵습니다. 우리는 그 시절 무엇을 하며 웃을 수 있었을까요? 추억의 골목 놀이를 떠올려봅니다.

- 고무줄놀이 : "장난감 기차가 칙칙 떠난다..." 몰래 숨었다가 고무줄을 자르고 도망갈 때 목숨 검
- 공기놀이 : 여학생이 남학생을 이길 수 있는 몇 안 되는 놀이 중 하나
- 구슬치기 : 그냥 모으기만 해도 기분 좋은 구슬, 놀이 방법이 매우 다양
- 꼬리잡기 : 예나 지금이나 라인을 잘 타야 하나 봅니다. 우두머리를 잘 만나야 꼬리가 안 됨
- 다방구 : 술래들을 피해 도망 다니다 잡히면 전봇대에 붙어 있어야 함
- 닭싸움 : 시조새급 투기형 놀이, 여러 반칙이 난무하는 아주 치열한 놀이
- 땅따먹기 : 칭기스칸도 울고 갈만큼 광활한 영토를 돌멩이 하나로 장악
- 말뚝박기 : 나비처럼 날아서 벌처럼 떨어져야 제 맛, 가위바위보 대장이 지면 괜히 열 받음
- 무궁화 꽃이 피었습니다 : 술래에 걸릴까봐 조마조마, 좋아하는 사람 손을 잡고 가슴이 콩닥콩닥
- 수건 돌리기 : 수건을 잡은 순간 모두가 우사인 볼트! 내 인생 가장 빠르게 달린 순간
- 숨바꼭질 : 건물 사이, 자동차 옆, 심지어 지붕 위까지...동네 구석구석 먼지를 뒤집어써도 절대 들키기 싫었던 우리
- 신발 던지기 : 우리 동네 자동차 위, 낮은 건물 지붕 위에 올라간 신발이 수십 켤레
- 얼음땡 : 현재 경찰과 도둑으로 이어지는 골목 놀이계의 스테디셀러
- 오징어 달구지 : 누구 한 명의 옷이 찢어져야 끝나는 놀이. 눈치와 스피드, 상황판단력을 요하는 신체 놀이 종합 선물세트
- 우리 집에 왜왔니 : 잊을 수 없는 멜로디 "우리 집에 왜 왔니, 왜 왔니~♬
- 학종이 따먹기 : 어린 시절 공기역학을 자연스럽게 체득하는 물리학적 놀이
- 한발뛰기 : 이 놀이를 할 때마다 키가 크고 싶었다. 팔다리가 길면 우리 동네 에이스
- 허수아비 : 미션 임파서블의 명장면이 생각나는 놀이. 철봉 기술과 장애물 피하기 능력이 필요한 고난 도 놀이

이외에도 동네마다 다른 이름과 규칙으로 놀이들이 많았습니다. 지금은 이런 놀이도 학원을 가서 배우거나 아예 모르는 아이들이 더 많은 것이 참 슬픈 현실입니다. 추억의 놀이를 교실에서 아이들과 추억해 보는 시간을 가져보는 것이 어떨까요?

2. 주먹야구형 놀이

(#5학년)

종이 공 주먹야구

활동영상 보러가기

▶ 학년 : 5~6학년군
▶ 핵심성취기준 : [5체03-06] 필드형 경쟁 활동에 참여하면서 기본 기능을 수행할 수 있다.
▶ 장소 : 교실　체육교실　체육관　운동장
▶ 상세준비물 : 종이 공 1인 1개, 분리수거통, 의자 4개

#야구_펀치 #종이_재활용 #집중력_정확성

종이를 구겨 둥그란 공을 만든다.

1루　2루　3루

통에 종이 공을 넣으면 1루로 이동한다.

3루에서 성공해 홈으로 돌아오면 1득점!

놀이 소개

규칙이 어려운 주먹야구는 이제 그만! 학생들이 흥미를 느끼는 신체활동을 적용한 야구형 놀이입니다. 구하기 쉬운 이면지와 폐지를 활용하여 실용적이고 간단한 규칙 속에서 기본 기능까지 익힐 수 있습니다. 공 대신 종이 공, 쉬운 주루 플레이가 있는 '종이 공 주먹야구' 활동을 해 보기 바랍니다.

① A 팀, B 팀으로 나눈다.

② 종이 공을 각자 1개씩 만든다.

- 이면지 또는 남은 통신문 1장으로 구긴 후 셀로판 테이프로 X 자 모양으로 감싸며 붙인다.

- 이면지의 개수를 늘려 공을 크게 만들 수 있다.

- 각자 종이 공에 이름을 적는다.

③ 경기장을 다음과 같이 설치한다.

- 책상을 한쪽으로 밀어 넓은 공간을 확보한다.

- 교실 가운데에 분리수거통 1개를 놓는다.

- 교실 네 귀퉁이에 홈, 1루, 2루, 3루를 지정한다.

① 홈에서 각 팀의 1번 주자부터 차례대로 타격을 준비한다.

② 타격할 때는 주먹 안쪽으로 공을 치는 방식으로 한다.

③ 전원 타격을 마치는 것을 1회로 한다.

④ 1회가 끝난 후 분리수거통에 종이 공이 들어간 학생은 1루로 이동한다.

⑤ 다음 회에는 해당 루에서 타격을 한다.

⑥ 1, 2, 3루를 돌아 홈으로 돌아온 학생 1명당 1점 득점한다.

⑦ 정해진 회(예 : 5회~9회) 동안 많은 득점을 한 팀이 승리한다.

⑧ 종이 공 주먹야구를 마치면 종이와 테이프를 구분해 분리수거한다.

• 종이 공을 지나치게 작게 만들지 않도록 지도합니다.

• 사람을 향해 공을 타격하는 것은 금지시킵니다.

• 종이 2~3장을 이용하여 종이 공의 크기를 키울 수 있습니다.

• 분리수거통 개수를 늘리거나 후프, 우유상자 등을 사용하여 난이도를 조절할 수 있습니다.

• 동점일 경우 잔루(1~3루에 남아 있는 인원)에 따라 승패를 가릴 수 있습니다.

123 수비야구

활동영상 보러가기

▶ 학년 : 5~6학년군
▶ 핵심성취기준 : [5체03-07] 필드형 경쟁 활동을 하며 전략을 창의적으로 적용할 수 있다.
▶ 장소 : | 교실 | 체육교실 | 체육관 | 운동장 |
▶ 상세준비물 : **탱탱볼 2개, 야구 베이스 6개**

#야구_수비 #전략_123 #전달_협동

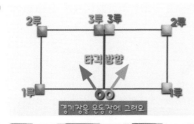

놀이 소개

야구의 묘미! 수비 기능을 이해하고 수비 능력을 경쟁하는 수비형 야구 놀이입니다. 타자는 수비가 어려운 곳에 타격을 하고, 수비는 타격된 공을 빠르게 목적지에 진달하는 놀이입니다. 매우 빠르게 진행되는 '123 수비야구'를 통해 협동심을 기르고 다양한 전략을 세우며 야구에서의 수비의 즐거움을 함께 느껴봅시다.

① A 팀, B 팀, 심판 2명으로 나누어 경기를 한다.

② 정사각형 두 개를 붙여놓은 모양의 경기장을 그린다.

③ 정사각형의 꼭짓점에 루(마커)를 놓는다.

　- 1, 2, 3루와 베이스를 정한다.

④ 다음과 같은 1~3루 팔 동작을 선생님과 함께 반복 연습한다.

　- 1루 : 한팔 위로, 2루 : 양팔 위로, 3루 : 양팔 옆으로

⑤ 각 팀은 타격 순서를 정한다.

⑥ A 팀은 A 경기장에, B 팀은 B 경기장에 들어가 수비 준비를 한다.

<경기장>

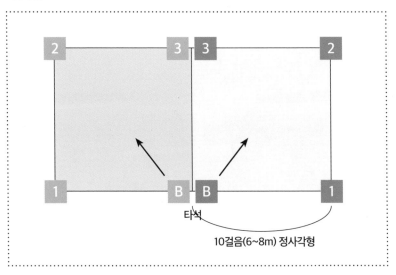

① 각 팀의 1번 주자는 베이스에 위치하여 타격한다.

　- A 팀은 B 경기장, B 팀은 A 경기장을 향해 공을 주먹으로 친다.

② 타자는 타격 후 팔 동작으로 1, 2, 3루를 표시한다.

③ 수비는 타자의 팔 동작을 보고 해당 루에 공을 전달한다.

④ 공은 모든 수비를 거쳐 전달해야 한다.

⑤ 심판은 공이 먼저 도착한 팀의 순서를 가린다.

   - 2명의 심판(A, B)은 공이 도착하면 "도착!"이라고 외친다.

⑥ 먼저 해당 루에 공이 도착한 팀이 1득점한다.

⑦ 다음과 같은 경우는 파울로 다시 타격한다.

   - 타격한 공이 상대 팀 경기장이나 경기장 밖으로 들어간 경우

   - 타자가 공을 타격 후 3초 안에 팔 동작으로 루를 표시하지 않은 경우

   - 파울 2회까지 가능하고 3회 파울은 아웃 처리한다.

⑧ 다음 타자가 순서대로 타격하며 경기를 이어간다.

⑨ 전원 타격 후 많은 득점을 한 팀이 승리한다.

놀이 Tip

- 딱딱한 공보다는 가볍고 말랑말랑한 공을 사용합니다.
- 타자는 처음 한 팔 동작을 바꾸지 않습니다.
- 타격이 익숙해지면 티볼공을 이용하면 됩니다.
- 숙달도에 따라 경기장의 크기를 늘리거나 줄여서 놀이하면 됩니다.
- 경기를 진행하며 수비 전략을 짤 시간을 제공해 경기의 즐거움을 배가시킵니다.

운동장 + 공

협력 주먹야구

활동영상 보러가기

▶ 학년 : 5~6학년군
▶ 핵심성취기준 : [5체03-07] 필드형 경쟁 활동을 하며 전략을 창의적으로 적용할 수 있다.
▶ 장소 : | 교실 | 체육교실 | **체육관** | **운동장** |
▶ 상세준비물 : **탱탱볼 1개, 라바콘 3개, 팀조끼 3개**

| #야구_공격 #스피드_득점 #욕심_금물 ▾ | Q |

❶ 경기장을 그린다.

❷ 1루 방향에 3개의 고깔을 세우고 조끼를 놓아요.

❸ 타격 후 조끼를 집어 베이스로 돌아옵니다.

❹ 수비는 공을 패스하며 베이스로 공을 전달합니다.

놀이 소개

타자는 주루 기능을 이해하고 수비는 협동심과 정확성을 기르는 종합 야구 세트!
타자는 타격 후 공을 확인하여 자신이 성공할 수 있는 목표를 정합니다. 자신 수
준에 맞는 목표를 정하고 성공 기회를 제공함으로써 야구에 대한 재미를 느낄 수
있습니다. 수비는 정확한 공 전달과 협동심을 통해 팀원의 중요성을 일깨우는
'협력 주먹야구'를 즐겨봅시다.

① A 팀, B 팀, 심판 1명으로 인원을 나눈다.

   - 6~8명씩 한 팀으로 한다.

② 야구 경기장처럼 경기장을 그린다.

③ 1루 방향에 라바콘 3개를 간격을 두어 놓는다.

④ 라바콘에 팀조끼를 1개씩 놓는다.

⑤ 공격과 수비 순서를 정한다.

⑥ A 팀(선공팀)은 타자 순서를 정하여 준비한다.

   - 다음 타자는 순서대로 정해진 위치에서 대기한다.

⑦ B 팀(수비팀)은 경기장 안에 수비선 밖에서 준비한다.

① 경기 시작과 함께 타자는 타격 후 라바콘에 놓인 팀조끼를 집어서 베이스로 돌아온다.

   - 팀조끼는 가까운 순서대로 1점, 2점, 3점을 의미한다.

② 수비는 타격된 공을 잡아 수비 전원이 공을 주고받아 베이스로 전달한다.

③ 타자가 먼저 들어오면 집어 온 팀조끼의 점수를 득점한다.

④ 마지막으로 공을 전달받은 수비가 먼저 도착하면 득점은 무효가 된다.

⑤ 타격한 공이 경기장 밖으로 나간 경우 파울이며, 파울이 3회 연속되면 아웃 처리한다.

⑥ 다음 타자가 순서대로 타격하며 경기를 이어간다.

⑦ 전원 타격 후 많은 득점을 한 팀이 승리한다.

• 딱딱한 공보다는 가볍고 말랑말랑한 공을 사용합니다.

• 공을 전달할 때는 꼭 이름을 부르며 주고, 안전사고를 예방합니다.

• 베이스를 2개를 두어 타자와 수비가 부딪히지 않게 주의합니다.

• 타격이 익숙해지면 티볼공을 이용해도 됩니다.

• 숙달도에 따라 라바콘의 수와 거리를 달리하여 놀이하면 됩니다.

• 팀조끼 대신 집을 수 있는 물건은 모두 사용 가능합니다(콩주머니, 제기 등).

텅 빈 운동장을 보고 느낀 점

처음 교직에 발령을 받아 열정 가득한 신규 교사! 저는 심화 전공한 체육에 대한 자신감이 넘쳤습니다. 하지만 그 열정은 오래가지 못했습니다. 무슨 일이 있었을까요?

6학년 담임교사로 저의 교직 생활은 시작되었습니다. 저는 체육을 좋아하며 자신 있었고, 대학 시절 체육활동이 학생에게 미치는 긍정적 효과에 대해 귀에 딱지가 생길 만큼 들었습니다. 자연스럽게 저는 학생들과 함께할 수 있는 체육활동이 무엇일까 고민을 하게 되었고 무의미하게 보내는 아침활동시간(수업 전 시간)이 매우 아까웠습니다. 아침활동시간에 '술래잡기', '얼음땡', '무궁화꽃이 피었습니다' 등 간단한 놀이를 하면서 잠도 깨고 학생들과 친해지는 기회가 됐으며 매우 만족스러웠습니다.

그러던 어느 날 교실로 한 통의 전화가 왔습니다.

"6반 선생님, 교장실로 잠시 내려오세요."

신규 교사가 어찌 긴장하지 않을 수 있을까요? 한걸음에 내려가 조언(?)을 듣고 오게 됩니다.

"학교는 혼자 잘나서 한다고 절대 똑똑하게 안 봐요. 튀는 행동은 하지 않는 것이 좋습니다."

저의 대답은

"네."

아무도 쓰지 않는 아침의 텅 빈 운동장이 나는 아이들과 놀 수 있는 공간으로 보였고, 나도 좋아하고 학생들도 만족하는 아침 운동이 뭐가 문제였는지 지금도 이해가 가지 않습니다. 열정이 넘쳤던 만큼 실망감도 컸습니다. 여러 상황이 바뀌었겠지만 운동장에서 뛰어노는 아이들을 사라지게 한 것은 교사의 체육지도 능력이 부족해서가 아니라 아이들이 원하는 것을 외면하게 만드는 교직 문화이지 않을까 하는 생각을 하게 됩니다.

우리가 어릴 때 운동장은 3개의 축구 경기가 뒤섞여 펼쳐지고 아침 시간, 점심 시간, 방과 후 시간, 짧은 쉬는 시간에도 먼저 차지하기 위해 뛰어 나갔던 장소였습니다. 하지만 요즘은 방과 후에 운동장에 모여 운동, 놀이를 하는 아이들을 찾아보기 어렵습니다. 심지어 어릴 때 우리끼리 하던 놀이를 이제는 체육 학원에 가서 배우는 것이 현실입니다. 교사로서 체육 교육과정에 따른 수업도 충실히 해야겠지만, 언제나 운동장을 학생들의 웃음소리로 채울 수 있는 다양한 체육(놀이)활동을 제공하는 것은 매우 의미 있는 것이지 않을까 하는 생각을 해봅니다.

3. 배구형 놀이

(#6학년)

배구공 폭탄 돌리기

활동영상 보러가기

▶ 학년 : **5~6학년군**
▶ 핵심성취기준 : **[6체03-06] 네트형 게임의 기본 기능을 탐색하고 게임 상황에 맞게 적용한다.**
▶ 장소 : | 교실 | 체육교실 | **체육관** | 운동장 |
▶ 상세준비물 : **배구공**

#폭탄 펑 #기본기 #오버핸드_패스 ▾ 🔍

자기 차례에 오버토스 3번하면 1점을 획득한다.

실패하면 앉았다 일어났다를 3번한다.

시간이 얼마나 지났는지 알려주지 않는다.

3분이 되었을 때 공을 들고 있으면 -10점.

놀이 소개

배구형 놀이의 기능인 오버핸드 패스를 활용한 놀이입니다. 배구공이나 스포츠 피구공, 소프트 발리볼 등 오버핸드 패스를 할 수 있는 공이면 어떤 공으로도 가능합니다. 개인전과 단체전으로 가능하며, 제자리에서 3번 오버핸드 패스를 성공하면 배구공을 다음 사람에게 바로 넘기고, 실패하면 오버핸드 패스 자세를 잡고 앉았다 일어나기를 3번 하고 넘기면 됩니다. 실패한 공을 잡으러 갔다가 돌아와서 앉았다 일어나면 아무래도 시간이 좀 더 걸리겠죠? 종료 신호가 울렸을 때 배구공을 가지고 있으면 폭탄이 터진 것처럼 점수를 잃게 되니 집중해서 오버핸드 패스를 정확하게 수행하는 것이 중요한 놀이입니다.

놀이 전 준비

① 모든 학생이 양 팔 간격으로 둥글게 선다.
② 개인전의 경우 한 원을 8~10명 정도의 구성원으로 정한다.
③ 단체전의 경우 학급의 학생들을 세 팀으로 나누고, 각 팀의 학생이 번갈아가며 둥글게 선다.

놀이 방법

● 놀이 1) 개인전
① 경기는 3분간 진행되며, 시작 신호와 함께 시작한다.
② 자기 차례가 되었을 때 오버핸드 패스를 3번 하면 개인점수 1점을 획득하고 오른쪽 학생에게 전달한다.
③ 실패하면 오버핸드 패스 자세로 앉았다 일어나기를 3번 하고 공을 오른쪽 학생에게 전달한다.
④ 자신의 점수는 자기가 스스로 기억하도록 한다.
⑤ 시간이 얼마나 지났는지 알려주지 않는다.
⑥ 3분이 되었을 때 공을 들고 있으면 -10점이 된다.
⑦ 놀이를 여러 번 실시해서 합계 점수가 높은 학생을 칭찬한다.

● 놀이 2) 단체전
① 학급의 학생들을 A 팀, B 팀, C 팀으로 나눈다.
② A 팀, B 팀, C 팀이 순서대로 한 명씩 서서, 전체 인원이 하나의 큰 원으로 선다.
③ 학급의 인원에 따라 공의 개수를 조절해서 놀이를 진행한다.
  - 7~8명당 공 1개로 생각해서 공 개수를 조절한다.
④ 자기 차례가 되었을 때 오버핸드 패스를 3번 하면 개인점수 1점을 획득하고 오른쪽 학생에게 전달한다.
⑤ 실패하면 오버핸드 패스 자세로 앉았다 일어났다를 3번 하고 공을 오른쪽 학생에게 전달

한다.

⑥ 자신의 점수는 자기가 스스로 기억하도록 한다.

⑦ 3분이 되었을 때 공을 들고 있으면 -10점이 된다.

⑧ 놀이 종료 후 팀원들의 점수를 합해서 점수가 높은 팀이 승리한다.

놀이 Tip

- 정확한 자세로 오버핸드 패스를 할 수 있도록 노력합니다.
- 학생들의 간격을 충분히 두고 놀이를 진행합니다.
- 공을 전달할 때 가볍게 던지거나 손으로 직접 전달할 수 있도록 합니다.
- 학생들의 실력에 따라 오버핸드 패스의 횟수는 조절할 수 있습니다.
- 남녀 또는 개인의 능력에 따라 오버핸드 패스 횟수나 획득 점수를 다르게 할 수 있습니다.
- 학생들이 놀이에 적응되면 공을 더 많이 넣고 진행할 수 있습니다.

라바콘 탁구공 받기

활동영상 보러가기

▶ 학년 : 5~6학년군
▶ 핵심성취기준 : [6체03-06] 네트형 게임의 기본 기능을 탐색하고 게임 상황에 맞게 적용한다.
▶ 장소 : **교실** **체육교실** **체육관** **운동장**
▶ 상세준비물 : **라바콘, 탁구공**

#탁구공 #협동심 #오버핸드_패스

안쪽 학생들은 오버토스 자세로 콘을 잡고 선다.

바깥쪽에서 시계방향 순으로 탁구공을 던져준다.

콘으로 탁구공을 받으면 1점씩 추가한다.

1분 동안 진행하며 점수가 높은 팀이 승리한다.

놀이 소개

오버핸드 패스를 지도하다 보면 손이 벌어지거나 이마 위가 아닌 얼굴 아래에서 받는 학생들이 있습니다. 이러한 학생들에게 라바콘을 뒤집어서 이마 위에 들게 하면 라바콘을 잡고 있어야 하기 때문에 손이 벌어지지 않고, 발을 이동해서 받으려고 노력하게 됩니다. 오버핸드 패스 자세로 뒤집어든 라바콘으로 탁구공을 받아내면 점수를 획득하는 놀이입니다. 놀이 전, 학생들에게 1대 1로 연습할 시간을 주면 기능이 향상되어 훨씬 더 재미있게 놀이에 참여합니다.

① 마커나 라바콘으로 지름 4~5미터 원을 표시한다. 없으면 표시하지 않고 적당한 거리를 두고 서도 된다.
② 한 팀의 구성원이 7~8명 정도 되도록 팀을 나눈다.
③ 학생들이 1대 1로 서로 마주 보고 서서 탁구공을 원바운드로 던져주고 라바콘으로 받는 연습을 한다.

놀이 방법

① 학생들을 A 팀, B 팀, C 팀으로 나눈다.
② 바깥쪽 4명의 학생들은 탁구공을 하나씩 들고 선다.
③ 나머지 학생들이 안쪽에 오버핸드 패스 자세로 라바콘을 뒤집어 잡고 공 받을 준비를 한다.
④ 바깥쪽 학생들이 탁구공을 원바운드로 안쪽으로 던져준다.
⑤ 바깥쪽에서 시계 방향 순으로 돌아가며 탁구공을 던져준다.
⑥ 안쪽에서는 탁구공을 던지는 학생의 방향을 보고 자세를 잡는다.
⑦ 콘으로 탁구공을 받으면 1점을 획득한다.
⑧ 경기는 1분 동안 진행되며 여러 라운드를 실시하여 합계 점수가 높은 팀이 승리한다.
⑨ 라운드마다 안쪽, 바깥쪽 학생들의 역할을 바꾸어 실시한다.

놀이 Tip

• 탁구공을 가능하면 높게 바운드할 수 있도록 합니다.
• 옆 친구와 부딪치지 않게 적당한 거리를 유지할 수 있도록 지도합니다.
• 손을 오버핸드 패스 자세를 유지하도록 합니다. 손을 뒤집어 받기 쉬운 자세로 하면 반칙 입니다.
• 체육관일 경우 탁구공을 높게 던져 바로 받기로 하는 방법으로 진행해도 됩니다.
• 팀의 인원을 줄이고 여러 팀으로 나누면 더 안전하게 진행이 가능합니다.
• 언더핸드 패스 자세로 라바콘을 뒤집어 공이 닿아야 하는 부분에 끼워서 진행해도 됩니다.

CHAPTER 04

도구놀이

학기 초 친교활동으로
즐거운 놀이체육 어떨까요?

새 학년의 시작, 어색하고 낯설음은 사라지고 놀이가 시작되는 순간 교실은 아이들의 밝은 웃음소리와 생기로 가득합니다. 하지만 몇몇 친구들은 오롯이 섞이지 못하고 옹기종기 따로 모여 있는 모습이 아쉽습니다.

학기 초의 아이들은 서로 친한 것 같다가도 서먹서먹해 하고, 그러다가 언제 그랬냐는 듯이 딱 붙어 지내고 다시 아옹다옹이 반복됩니다. 하교 후 집으로 가는 아이들의 모습을 보면 어깨까지 축 처져서 기운조차 없어 보일 때도 있습니다. 대부분의 친구들은 자기만의 고집을 굽히지 않고 자주 하는 말이 있습니다. "다들 나만 싫어해.", "나만 미워해." 등 변명의 말은 많습니다.

같이 집에 갈 친구, 같이 놀아줄 친구도 없으면서 말이죠. 놀아주지 않는 친구들이 싫다고, 학교가 싫다고 힘들어 할 아이들의 모습이 눈앞에 보입니다. 이럴 때 아이들에게 너희들이 좋아하는 것이 무엇인지, 하고 싶은 것이 무엇인지, 친구들과 사이좋게 지낼 수 있는 방법이 무엇일지 물어보세요. 아이들의 대답은 핸드폰 게임이나 유튜브 검색, PC방에 가는 것 등 움직임 없이 혼자 조용히 할 수 있는 것들이 대부분입니다. 이때 우리 같이 놀자고 아이들에게 이야기해주세요. "우리 이제부터 놀자. 뭐하고 놀래?"라고 작은 소리로 얘기해보세요. 특히 비가 오거나 미세먼지로 나가기 힘들어 상황이 어렵다면 효과는 더욱 더 커질 거예요.

친구들과 어울리며 서툰 몸짓으로 놀이에 참여하는 아이들을 보면서 많은 준비를 하지 않아도 충분하다는 것을 알게 됩니다. 그러면서 친구와 즐겁게 놀이에 참여하는 아이들을 보며, '사이좋게 지내라, 다투지 마라' 등 선생님의 관여 시간이 줄어들고, 학기 초 적응이 어려워 힘들어 하던 아이들도 어렵지 않게 이겨낼 수 있게 만들어 줄 수 있습니다.

1. 하키형 놀이

(#4학년)

내 골대를 지켜라 I

활동영상 보러가기

▶ 학년 : 3~4학년군
▶ 핵심성취기준 : [4체03-08] 공동의 목표 달성을 위해 협동의 필요성을 알고 팀원과 협력하며 게임을 수행한다.
▶ 장소 : | 교실 | 체육교실 | 체육관 | 운동장 |
▶ 상세준비물 : 책상, 빗자루, 고리

#교실하키 #고리_놀이 #빗자루_하키채 🔍

❶ 비슷한 간격
3종목 모두 같은 경기장 활용
책상을 원형으로 눕히고 그 사이로 서기

❷ 하키형 놀이
개인전으로 골 득점 잘 기억하기
내 골대는 지키고 상대골대에 링 넣기

❸ 하키형 놀이
1인당 1개의 빗자루를 거꾸로 잡기
고리던지기 링 1개를 빗자루에 끼워 밀기

❹ 하키형 팀경쟁
빨강팀 (1득점)
상대팀 골대에 링 넣기 성공시 1득점
일정한 시간 후 다득점 팀 승리

놀이 소개

교실에서 하키 채를 이용하여 활동하기에는 어려움이 많죠? 하키 채 대신 교실에 있는 빗자루로 활용하는 놀이입니다. 책상을 원형으로 눕혀 골대를 만들고 그 골대 사이를 빗자루로 고리를 끼워 밀어 넣는 활동입니다. 자신의 골대로 오는 고리는 막고, 상대의 골대에 고리를 밀어 넣는 활동으로 개인 활동, 팀 경쟁 활동을 할 수 있으며 빗자루를 잡지 않고 발로 차서 골대에 넣는 축구형 놀이도 가능합니다.

놀이 전 준비

① 책상 8개~10개 정도를 원형으로 눕혀 경기장을 만든다.
  - 책상과 책상 사이의 간격은 비슷하게 한다.
② 책상 사이에 1명씩 1개의 빗자루를 가지고 선다.
③ 3개 모두 같은 경기장을 활용하여 활동한다.
④ 1인당 1개의 빗자루를 거꾸로 들고 책상 사이에 선다.
  - 8~10명의 학생이 책상 사이에 서고, 나머지 학생은 한쪽에 순서대로 줄을 선다.
⑤ 고리 1개를 바닥에 놓고 빗자루 끝에 끼워 민다.

놀이 방법

● 놀이 1) 하키형 놀이

① 개인전으로 상대의 골대에 고리를 넣기 위해 고리를 쭉 민다.
  - 양 옆의 골대에는 고리를 넣을 수 없다.
② 상대의 골대에 고리 넣기를 성공하면 1점을 득점한다.
  - 자신이 득점한 점수를 잘 기억한다.
③ 자신에게 오는 고리를 발과 빗자루를 활용해 막는다.
④ 골대로 오는 고리는 발과 고리로 막을 수 있으며 공격은 빗자루로만 가능하다.
  - 나에게 오는 고리를 발로 차서 공격을 시도할 수 없다.
⑤ 고리를 막지 못하면 경기장 밖으로 나가 팔벌려 뛰기 3회를 하고 다음 순서의 학생에게 빗자루를 건네준다.
  - 인원을 전반과 후반으로 나눠 활동하는 경우 경기장 밖으로 나가지 않고 바로 활동을 재개한다.
⑥ 가운데에 멈춘 링은 먼저 빗자루를 고리에 넣으면 가져올 수 있다.
⑦ 정해진 시간 후 다득점자가 우승한다.

● 놀이 2) 하키형 팀놀이

① 두 팀으로 나눠 팀조끼를 입는다.
  - 한쪽 팀만 팀조끼를 입어 팀을 구분해도 좋다.

② 같은 팀끼리 절반씩 나누어 선다.

③ 위의 하키형 놀이와 같은 방식으로 진행하되 상대 팀의 골대에 고리를 넣기 위해 노력한다.

④ 골대에 링이 들어가면 대기 중인 같은 팀원이 들어와도 좋다.

   - 인원을 전반과 후반으로 나눠 활동하는 경우 경기장 밖으로 나가지 않고 바로 활동을 재개한다.

⑤ 상대 팀 골대에 고리 넣기를 성공할 경우 1득점을 한다.

⑥ 실수로 또는 팅겨서 같은 팀 골대에 링이 들어가면 상대 팀 득점을 인정한다.

⑦ 정해진 시간 후 다득점한 팀이 이긴다.

● 놀이 3) 축구형 팀놀이

① 앞의 놀이 1과 놀이 2의 방식으로 활동을 진행한다.

② 다음의 경우만 다르게 활동한다.

   - 빗자루를 활용하지 않는다.

   - 발로 링을 차서 상대 골대에 넣고 발로 링을 막는다.

③ 정해진 시간 후 다득점한 팀이 이긴다.

놀이 Tip

- 고리를 위로 띄워 다치는 경우가 발생하지 않도록 주의합니다.
- 학급 인원에 따라 활동에 참여하는 방식을 달리 정할 수 있습니다.
  - 15명 이상일 때 절반씩 인원을 나눠 활동에 참여합니다.
  - 15명 이하일 때 대기자를 두고 고리가 골대에 들어간 학생이 경기장 밖으로 나가고 다음 학생이 들어옵니다.
- 경기장은 최대한 큰 원형이 되도록 설치합니다.

내 골대를 지켜라 II

활동영상 보러가기

▶ 학년 : 3~4학년군
▶ 핵심성취기준 : [4체03-08] 공동의 목표 달성을 위해 협동의 필요성을 알고 팀원과 협력하며 게임을 수행한다.
▶ 장소 :

교실	체육교실	체육관	운동장

▶ 상세준비물 : 플로어볼 스틱이나 빗자루, 라바콘, 고리

> #고리밀기 #스틱_친숙해지기 #골대_넣기 ▾ Q

콘을 지름 약 9m 원형으로 놓기
콘의 개수는 참여자 숫자(12~15명) 만큼 놓기

스틱 끝에 링 끼우기
스틱을 돌려 두 손으로 잡고 끝 부분에 링을 끼우기
스틱을 바닥에서 돌려 링 밀기

자신의 골대 지키기
(발이나 하키처럼 링 막기)
내 골대로 오는 고리 지키고 상대 골대에 링 넣기
내 골대를 지켜라! 개인전 놀이

어느정도 익숙해지면 링의 개수 늘리기
1개로 시작해 2~3개로 늘리기

놀이 소개

라바콘을 이용해 원형으로 골대를 만들고, 내 골대는 지키고 상대 골대에는 고리를 넣는 놀이입니다. 플로어볼 스틱을 이용해 고리를 걸고 밀어 골대에 넣어야 합니다. 스틱을 두 손으로 잡고 고리를 막고 밀면서 스틱에 친숙해질 수 있습니다. 고리를 이용해 골을 막고 넣는 형태의 놀이를 즐겨보기 바랍니다.

① 라바콘을 이용해 지름 9m 원형을 만든다.

  - 콘의 개수는 참여자 숫자(12~15명)만큼 놓는다.

② 가위바위보를 하여 두 파트로 나눈다.

  - 이긴 파트 : 놀이에 먼저 참여

  - 진 파트 : 놀이에 나중 참여

③ 스틱 활용에 대한 사전 안전교육을 실시한다.

  - 스틱을 두 손으로 잡고 사용한다.

  - 절대 한 손으로 사용하다가 스틱을 놓쳐 다치는 경우가 없도록 한다.

  - 스틱을 무리하게 휘둘러 옆의 친구가 다치는 경우가 없도록 한다.

① 가위바위보에 이긴 파트의 학생은 라바콘과 라바콘 사이에 들어가 플로어볼 스틱을 잡고 선다.

② 가위바위보에 진 파트의 학생은 이긴 파트 학생 뒤에 앉는다.

  - 진 파트의 학생은 심판을 보다가 이긴 파트 학생의 골대에 고리가 들어가면 활동에 참여한다.

③ 스틱을 돌려 두 손으로 잡고 스틱의 끝부분에 고리를 끼운다.

  - 한 손으로 잡지 않도록 주의한다.

④ 두 손으로 잡은 스틱을 바닥에서 고리를 밀어 상대의 골대에 넣도록 한다.

  - 스틱을 고리에 낀 후 3초 이내에 고리를 밀도록 한다.

  - 바로 양 옆의 골대에는 고리를 넣을 수 없다.

⑤ 자신의 골대로 오는 고리는 발이나 스틱으로 잘 막는다.

⑥ 골대에 고리가 들어간 경우 뒤에 앉아 있는 가위바위보를 진 파트의 학생이 스틱을 잡고 활동에 참여한다.

  - 골을 먹은 친구는 스틱을 뒤의 친구에게 주고 뒤로 가서 팔벌려 뛰기 3회를 실시한다.

  - 뒤에 앉아 있는 친구는 골대에 통과한 고리를 빠르게 잡아 활동에 참여한다.

⑦ 상대의 골대에 고리를 넣은 경우 개인점수 1점을 득점한다.

- 자신의 점수를 잘 누적해서 계산한다.

⑧ 활동 중 고리가 경기장 중앙에 섰을 때 스틱을 고리에 먼저 넣은 학생의 차지가 된다.

- 고리를 차지하기 위해 골대를 비우는 도중에 골을 먹으면 뒤에 앉아 있는 친구와 역할을 교대한다.

⑨ 고리의 개수를 1개로 시작해서 활동이 익숙해지면 고리의 개수(2개~4개)를 늘린다.

⑩ 활동 중간중간 한 번도 역할을 안 바꾼 학생을 확인해서 한 번씩 역할을 바꿔준다.

⑪ 고리가 라바콘에 맞은 경우 2점을 득점하며, 라바콘의 양 옆에 있는 학생들은 뒤에 앉아 있는 친구와 역할을 교대한다.

⑫ 일정한 시간 후 다득점자가 우승한다.

놀이 Tip

• 고리를 위로 띄워서 다치는 경우가 발생하지 않도록 주의합니다.

• 스틱 활용 및 안전 유의사항을 활동 전에 충분히 설명합니다.

• 개인전 및 팀 경쟁 활동을 선생님 재량으로 다양하게 즐길 수 있습니다.

• 팀 경쟁 활동은 두 팀이 서로 마주보는 형태로 해도 좋고 한 명씩 섞어서도 좋습니다.

하키 피구놀이

활동영상 보러가기

▶ 학년 : 3~4학년군
▶ 핵심성취기준 : [4체03-08] 공동의 목표 달성을 위해 협동의 필요성을 알고 팀원과 협력하며
게임을 수행한다.
▶ 장소 :

교실	체육교실	체육관	운동장

▶ 상세준비물 : 플로어볼 스틱이나 빗자루, 라바콘, 고리

> #고리_피구 #스틱_활용 #원_피구 🔍

❶ 9미터 이상의 원 안에 수비, 원 밖에 공격수 서기

❷ 스틱에 고리를 끼워 원 안으로 밀고 피하기

❸ 고리가 발에 맞으면 신체과제 후 점수 올리기(실점)

❹ 고리가 경기장 중앙에 서면 발로 찰 수 있음

놀이 소개

스틱을 활용하여 고리를 바닥에서 밀어 상대의 발을 맞히는 피구 형태의 놀이입
니다. 스틱과 좀 더 친해질 수 있는 기회가 되며, 하키를 하며 피구를 함께 즐길 수
있습니다. 스틱을 이용해 고리 밀기 피구를 했다면, 스틱이 아닌 발로 고리를 차
는 형식의 피구놀이를 할 수 있습니다.

① 라바콘을 이용해 지름 9m 원형으로 놓는다.
- 콘의 개수는 참여자 숫자(12~15명)만큼 놓는다.
② 가위바위보를 하여 두 팀으로 나누어서 한 팀이 원 안으로 들어가 서고 다른 한 팀은 원 밖에 선다.
③ 스틱 활용에 대한 사전 안전교육을 실시한다.
- 스틱을 두 손으로 잡고 사용한다.
- 절대 한 손으로 사용하다가 스틱을 놓쳐 다치는 경우가 없도록 한다.
- 스틱을 무리하게 휘둘러 옆의 친구가 다치는 경우가 없도록 한다.

● 놀이 1) 하키형 놀이
① 원 밖에 서 있는 공격팀은 스틱이나 빗자루 1개씩 들고 선다.
② 고리를 스틱에 끼워 밀어서 원 안에 있는 수비팀의 발을 맞힌다.
- 공격을 할 때는 항상 원 밖에서 스틱으로 고리를 밀어서 한다.
③ 원 안의 수비팀은 공격팀이 스틱으로 민 고리를 보고 피한다.
④ 수비팀은 움직이는 고리에 맞은 경우 점수판 앞 아웃존에서 팔벌려 뛰기 3회를 실시한 후 점수를 1점(아웃자 수) 올리고 다시 활동에 참여한다.
⑤ 공격팀이 민 고리가 경기장 중간에 선 경우 수비팀은 경기장 밖으로 고리를 발로 멀리 찬다.
- 공격팀의 고리를 멀리 차는 이유는 수비팀이 공격팀의 활동을 방해하기 위해서이다.
- 공격팀은 고리가 경기장 중간에 서지 않게 고리를 밀 때 힘껏 민다.
⑥ 활동에 익숙해지면 고리의 개수를 1개씩 늘려나간다.
- 처음에는 1개로 시작해서 3개 정도까지 늘린다.
⑦ 정해진 시간 후 공격과 수비의 역할을 바꾸며 점수(아웃자 수)가 낮은 팀이 이긴다.

● 놀이 2) 축구형 놀이

① 공격팀은 스틱이나 빗자루 없이 원 밖에 선다.

② 고리를 발로 차서 원 안에 서 있는 수비팀의 발을 맞힌다.

③ 나머지 놀이 방법은 놀이 1과 같다.

놀이 Tip

• 고리를 위로 띄워서 다치는 경우가 발생하지 않도록 주의합니다.

• 고리가 흔들리고 있는 중에 발로 차면 위로 뜨므로 고리를 발로 한 번 밟고 차도록 지도합니다.

• 스틱 활용 및 안전 유의사항을 활동 전에 반드시 설명합니다.

• 하키형 또는 축구형 놀이를 선생님 재량으로 다양하게 즐길 수 있습니다.

• 원의 크기는 지름 약 9m로 하되 공격팀이 유리하면 더 크게, 수비팀이 유리하면 더 작게 하면 됩니다.

어린이에게 필요한 운동을 이해하고
적절한 운동과 놀이를 찾아주자!

대부분의 어른들은 어린 시절 학교 운동장이나 동네 공터에서 신나게 놀던 추억이 있습니다. 지금처럼 컴 퓨터도 없고 핸드폰도 없던 시절이었지만 딱지치기, 구슬치기, 술래잡기, 공차기, 제기차기, 자치기와 겨울 이면 팽이치기, 썰매타기에 연날리기까지 수많은 놀이를 즐기며 자연스럽게 운동을 할 수 있었습니다.

하지만 오늘날의 환경은 어린이들의 놀이 문화를 바꾸어 놓았습니다. 어린이들이 다양하게 놀 수 있는 뒷동산과 공원, 운동장 등의 공간이 부족해지고 미세먼지나 교통사고 등 많은 위험으로 인해 어린이들이 마음껏 놀이를 즐길 수 없게 된 것입니다. 대신에 요즘 어린이들은 학교나 클럽 팀에서 정해진 프로그램 에 의해 종목과 여건에 맞게 짜인 운동을 하는 경우가 많습니다. 이런 운동 프로그램은 어린이들이 자연 스럽게 즐기며 참여하는 놀이 활동과 비교하면 자칫 정상적인 신체 발달과 건강에 무리를 주어 부상 위 험이 높아질 수도 있습니다. 따라서 어린이에게 어느 시기에 얼마만큼의 운동을 시켜 줄 것인가를 신중 하게 고려해야 합니다. 이를 위해 부모나 지도자, 선생님은 어린이의 행동과 신체 발달의 특성을 잘 이해 하고 단계에 적합한 운동을 제공하고 선택할 수 있게 해야 합니다.

어린이들은 어른과 달리 에너지 생산능력은 비슷하나 이를 이용하는 에너지 효율이 떨어집니다. 그래서 지구력 운동은 잘하는 반면 큰 힘을 순간적으로 낼 수 있는 강도 높은 운동(1분 30초 이내)은 오래 지속 할 수 없게 됩니다. 심장 또한 미성숙한 상태라 1회 박출량이 적어 심박수를 증가해 운동을 수행합니다. 이러한 어린이들에게 필요한 운동은 강도 높은 운동이나 오랜 시간을 요하는 운동이 아닌 적절한 강도의 유산소성 운동을 자주 반복해야 심장기능(호흡 순환계)을 강화하는 데 도움을 줄 수 있습니다. 어린이들 의 신진대사는 왕성하나 신경기능은 미약하여 발한 능력이 떨어지므로 운동 중 땀 흡수와 배출이 잘되는 운동복을 착용하게 하고 수시로 수분도 보충해주어야 합니다. 혹서기에 각종 스포츠클럽 대회나 유소년 대회에 경기 중 수분 섭취 시간을 따로 정해 수분 보충을 하는 이유가 여기에 있다고 할 수 있습니다.

연구 결과에 의하면 운동이 어린이의 키에는 거의 영향이 없다고 밝혀졌습니다. 하지만 운동으로 인해 뼈와 근육 지방에는 많은 변화를 줍니다. 뼈에 칼슘을 공급해 밀도를 높이고, 근육의 비대로 근수축력을 강화하며, 체지방량을 줄여 비만을 해소해 줍니다. 이러한 어린이들의 신체발달의 특성을 고려하여 알맞 은 운동과 적절한 프로그램을 통해 운동이 결정되어야 합니다.

12살 이전은 사회적 비교의 시기(Age of Social Comparison)로 경쟁을 통해 친구와 능력을 비교하기를 좋아합니다. 그러므로 경쟁과 비교를 통해 즐거움을 얻을 수 있는 다양한 놀이 활동을 제공하고, 12살 이

후는 신체 발육이 급변하는 시기(Body Stage)로 변하는 신체에 대해 도전과 관심이 커지면서 근육의 힘과 지구력을 표현하는 운동을 좋아합니다. 따라서 근육의 힘과 지구력을 발휘할 수 있는 강하지 않은 적당한 강도의 운동을 자주 제공해야 합니다. 술래잡기와 같이 일정 시간 지속적으로 달릴 수 있고, 뜀뛰기 등을 연속으로 할 수 있는 다양한 점프 놀이 활동들이 좋습니다.

체육의 영역별 성취수준을 학년군으로 나눈 것 또한 이러한 어린이들의 신체 발달 단계에 맞춰 알맞은 운동을 제공하기 위함입니다. 다양한 놀이를 어린이들의 신체 발달 단계에 맞게 조금만 변형하면 대부분의 어린이가 만족하고 효과를 볼 수 있는 즐거운 놀이체육시간이 될 것입니다.

2. 티볼형 놀이

(#5학년)

티볼 윷놀이

활동영상 보러가기

▶ 학년 : 5~6학년군
▶ 핵심성취기준 : [6체03-02] 필드형 게임의 기본 기능을 탐색하고 게임 상황에 적용한다.
▶ 장소 : | 교실 | 체육교실 | 체육관 | 운동장 |
▶ 상세준비물 : 플라잉 디스크 윷놀이 판 2개, 배팅티 2개, 플로어볼 공 2개, 배트 2개

#교실_티볼 #윷놀이_타격 ▾ Q

놀이 소개

티볼을 지도할 때 참 많이 고민하는 것 중 하나가 '미세먼지 등으로 밖에 나가지 못하면 어떻게 하지?' 이런 고민입니다. 일단 티볼은 던지거나 쳐야 하는데 교실에서 마땅히 할 수가 없지요. 그래서 고안한 티볼 윷놀이입니다. 플라잉 디스크 윷놀이 표적판이 있으면 Thanks! 없어도 전지 등을 활용하여 금방 윷놀이 표적판을 만들어 티볼 윷놀이를 할 수 있습니다. 이 놀이는 생각보다 어렵지 않으므로 한번 도전해보는 것은 어떨까요?

① 플라잉 디스크 표적판을 준비한다.

　- 만약 없으면 1m × 1m 정도의 큰 종이에 윷놀이 표적판을 그려 대체한다.

② 표적판과 1m 간격으로 배팅티를 놓는다.

③ 반 전체를 네 팀으로 나눈다.

<경기장>

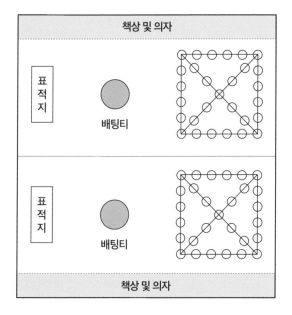

① 놀이에 참여 중이지 않은 대기 학생은 책상 위에 올라가 있도록 한다.

② 두 개의 경기장을 만들고 네 팀이 둘로 나누어 서로 윷놀이 대결을 한다.

③ 각 팀에 한 명씩 배팅티 타격을 한다.

　- 표적은 종이판 혹은 플라잉 디스크 윷놀이 표적판을 사용한다.

④ 플라잉 디스크 윷놀이 표적판이 없을 경우에는 간단하게 종이에 윷놀이 표적판을 만들어
　사용할 수 있다.

⑤ 첫 타자는 타격을 해서 맞은 영역만큼 스스로 말이 되어 전진한다.

⑥ 두 번째 타자부터는 스스로 말이 되어 이동할 수도 있고 첫 타자를 이동시킬 수 있다.

⑦ 나머지 규칙은 윷놀이의 기본 규칙과 동일하다.

⑧ 어느 영역에도 맞지 않으면 '꽝!'이다.

놀이 Tip

- 너무 강하게 치지 않도록 지도합니다.
- 타자도 말도 아닌 경우에는 책상 위에서 자기 차례를 기다립니다.
- 윷놀이 게임판은 바닥에 지울 수 있는 도구로 간단히 칠하면 됩니다. 혹은 원마커나 접시콘으로 대체할 수 있습니다.
- 공간이 협소할 경우 기존의 윷놀이 판을 사용하며, 자석 등으로 말을 표시하면 됩니다.
- 티볼공은 교실 내 물건의 파손 위험이 있으므로 플로어볼 공이나 탁구공을 사용하면 됩니다.
- 놀이가 빠르게 진행될 수 있도록 학생들이 순서를 정확히 기억하고 있어야 합니다.

활동영상 보러가기

치고 달려라! 잡고 넣어라!

체육관 + 골대

▶ 학년 : 5~6학년군
▶ 핵심성취기준 : [6체03-02] 필드형 게임의 기본 기능을 탐색하고 게임 상황에 적용한다.
▶ 장소 : | 교실 | 체육교실 | **체육관** | 운동장 |
▶ 상세준비물 : 플로어볼 골대 2개, 배팅티 2개, 피구공 2개, 배트 2개, 콘 또는 원마커 등

| #체육관_티볼 #경쟁_타격 | 🔍 |

치고 달려라! 잡고 넣어라! 티볼놀이

주의요
수비금지구역 안으로 들어오기 없기

1. 수비는 이와 같이 위치하고
공격은 타격 순서대로 앉습니다.

놀이 소개

체육관에서 티볼을 어떻게 할 수 있을까요? 그리고 어떻게 하면 실제 학습시간을
늘릴 수 있을까요? '치고 달려라! 잡고 넣어라!'는 티볼공 대신 피구공을 타격하는
놀이로서 체육관에서 누구나 손쉽게 할 수 있는 티볼 놀이입니다. 헛스윙 걱정도
뚝, 글러브 사용 걱정도 뚝, 복잡한 규칙은 그만! 남학생과 여학생의 수준 차이도
해결할 수 있으므로 체육관에서 티볼형 놀이를 즐겨보세요.

① 플로어볼 골대(일반 골대 가능) 2개와, 배팅티 2개, 피구공 2개, 원마커 등을 준비한다.
② 학생들을 남녀 및 운동능력이 고르게 분포되도록 절반으로 나눈다.

<경기장>

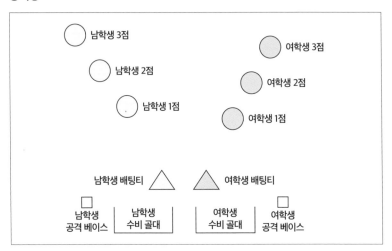

① 먼저 공격을 하는 팀은 무대 위로 올라가서 남학생과 여학생으로 짝을 지어 앉는다.
- 성별이 맞지 않을 경우 편의상 동성의 짝을 편성하거나 개별로 진행해도 무관하다.
② 먼저 수비를 하는 팀은 수비 영역에 넓게 선다.
③ 공격팀 여학생과 남학생이 한 팀을 이루어 동시에 배팅티 위의 피구공을 타격한다.
- 공격팀의 모든 학생이 타격을 끝냈을 때 공격과 수비를 바꾼다. 3아웃제도 OK!
④ 공격팀의 학생은 타격 후 공격팀 홈 베이스에 가까운 쪽으로 원마커를 돌아온다. 수비가 골대 안에 공을 넣기 전에 가장 짧은 것을 돌아 먼저 베이스를 밟을 때는 1점, 중간의 것은 2점, 가장 먼 것을 돌아왔을 경우는 3점으로 한다.
⑤ 수비 선수들은 타격을 한 선수가 원마커를 돌아서 베이스를 밟기 전에 공을 던져 플로어볼 골대에 넣는다. 다만 여학생이 타격한 공은 여학생만 수비를 할 수 있고, 남학생이

타격한 공은 남학생만 수비를 할 수 있다.

⑥ 득점이 이루어졌을 경우 득점을 올린 선수가 점수판에 올리며 각 팀의 점수를 누적하여 승부를 가린다.

놀이 Tip

- 배트를 앞쪽으로 던지지 않도록 주의합니다.

- 여학생이 타격한 공은 여학생만, 남학생이 타격한 공은 남학생만 수비할 수 있습니다.

- 여학생의 원마커를 남학생의 원마커보다 조금 더 가까이 하면 균형을 맞출 수 있습니다.

- 반발력이 좋은 공(피구공 등)을 사용해야 공이 멀리 나갑니다(공이 멀리 나가지 않으면 아웃이 많 아져 재미가 없습니다. - 탱탱볼 ×).

- 플로어볼 골대가 없으면 미니 골대를, 미니 골대가 없으면 콘 두 개로 임시 골대를 만들어 사용합니다.

- 전원 타격제 혹은 3아웃제로 실시하며, 아웃제 등 규칙은 상황이나 수준에 맞게 변형할 수 있습니다.

활동영상 보러가기

치고 달리기!

운동장 + 티볼세트

▶ 학년 : 5~6학년군
▶ 핵심성취기준 : [6체03-02] 필드형 게임의 기본 기능을 탐색하고 게임 상황에 적용한다.
▶ 장소 : 교실   체육교실   체육관   **운동장**
▶ 상세준비물 : **배팅티 1개, 배트, 티볼공, 베이스 2개, 콘 3개**

#티볼_놀이 #모둠_티볼

치고 달리기! 모둠 티볼놀이!

여유있게 2득점 성공

2.팀원 5명은 타격과 함께
줄을 맞춰 뛰어 콘을 돌아옵니다.

놀이 소개

정식 티볼의 경우 학급 내에서 경기를 진행할 때 학생들이 앉아 있는 시간이 너무 길다는 단점이 있습니다. 이 놀이는 운동장 혹은 체육관에서 실제 뛰는 시간을 확보할 수 있습니다. 한 명의 타자와 다섯 명의 주자로 이루어져 있으며, 주자 중에 첫 번째 주자가 득점과 관련된 콘을 선택할 수 있습니다.

운동장에서 실제 뛰는 시간이 많은 놀이, 규칙도 복잡하지 않으니 한번 해보면 어떨까요?

놀이 전 준비

① 라인기로 파울 라인을 그린다.

② 수비가 너무 앞으로 나올 수 없도록 전진수비 방지 라인(원마커가 있으면 강추)을 콘 등으로 표시한다.

③ 공격팀 베이스와 수비팀 베이스를 따로 위치시킨다.

④ 학생들을 남녀 및 운동능력이 감안하여 고르게 분포되도록 절반으로 나눈다.

<경기장>

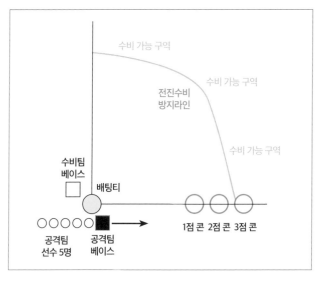

놀이 방법

① 수비팀은 수비 구역에 고르게 분포하고 공격팀은 무대 위쪽(운동장 : 스탠드)에 타순대로 앉는다.

② 1번 타자가 타격을 하면 2~6번 타자 다섯 명이 공격팀 베이스 뒤에 순서대로 선다.

   - 2번 타자가 타격을 하면 3~7번 타자 다섯 명이 공격팀 베이스 뒤에 순서대로 선다.

   - 맨 마지막 주자가 타격할 시 뒤에 1, 2, 3, 4, 5번 주자가 선다.

③ 타자가 타격을 하는 순간 다섯 명의 주자는 앞쪽의 콘을 향해 뛴다.

④ 맨 앞의 주자가 상황에 맞게 1~3점 콘을 선택하여 돌면 뒤의 주자들도 따라 뛴다.

⑤ 수비팀이 공을 가지고 베이스를 먼저 밟게 되면 아웃된다.

⑥ 공격팀 주자 중 맨 뒤의 주자가 수비팀보다 먼저 베이스를 밟으면 득점에 성공한다.

⑦ 몇 점짜리 콘을 돌아왔는지 확인하고, 각 팀의 점수를 누적하여 승부를 가린다.

놀이 Tip

- 배트를 앞쪽으로 던지지 않도록 주의합니다.
- 주자와 수비수 간에 충돌이 일어나지 않도록 사전에 주의를 줍니다.
- 베이스와 콘의 거리는 학생들의 수준에 맞게 변형하면 됩니다.
- 3아웃제보다는 전원이 다 타격을 한 후에 공격과 수비를 바꿔줍니다.
- 타자가 팀원들과 함께 뛰지 않는 이유는 빨리 뛰기 위해 배트를 던지기 때문이지만, 혹시 놀이를 변형하여 타자도 달리기가 된다면 꼭 배트를 던지지 않도록 사전에 주의를 줍니다.

교사를 위한 운동 추천! 안전한 네트형 운동

스트레스 해소, 체력단련, 협동심 함양 등 사람들이 운동을 즐기는 이유는 다양합니다. 그리고 꾸준히 운동해야 건강을 지킬 수 있다고 알고 있습니다. 하지만 아이러니하게도 운동을 좋아하는 사람이 더 자주, 많이 다치는 이유는 무엇일까요? 재미있으니, 열심히 하고 집중하다 보니 상대방과 충돌한다든지, 공에 맞거나 넘어지는 경우가 많기 때문입니다. 저도 다양한 스포츠를 즐기지만, 특히 공을 가지고 하는 구기 운동의 경우, 신체를 접촉하는 경우가 많아 의도치 않게 다치거나 다른 사람을 다치게 한 경험이 있습니다. 다친 사람도, 다치게 한 사람도, 다치는 걸 본 사람도 모두 안타까운 상황이 발생하곤 합니다.

그렇다면 비교적 안전한 네트형 운동에 도전해 보는 것은 어떨까요? 네트형 운동은 상대방을 네트를 두고 마주보고 경기하기 때문에 몸싸움이 적습니다. 몸싸움이 적으니 부상 위험도 축구, 농구에 비해 적겠죠? 네트형 운동은 실내에서 진행되는 경우가 많습니다. 미세먼지가 심한 날, 너무 춥거나 너무 더운 날, 눈이나 비가 오는 날에도 운동을 할 수 있습니다. 또, 비교적 좁은 공간에서 적은 인원으로 할 수 있습니다. 물론, 배구는 넓은 공간이 필요하지만, 나머지 네트형 게임인 탁구, 배드민턴, 족구 등은 좁은 공간에서 몇 명만 있어도 즐겁게 운동할 수 있는 장점이 있습니다.

예전에 비해서 요즈음에는 생활체육시설들이 많이 생기고 있습니다. 자신의 의지만 있다면 운동을 배울 수 있는 기회가 늘어나고 있습니다. 웬만한 학교 체육관에는 배드민턴 클럽이 하나씩은 있고, 주민센터에서 실시하는 저렴한 강좌도 많습니다. 다치지 않고 언제나 즐길 수 있는 네트형 운동 하나쯤은 배워도 괜찮지 않을까요?

이야기 3

3. 배드민턴, 탁구형 놀이
(#6학년)

제멋대로 탁구골프

활동영상 보러가기

▶ 학년 : 5~6학년군
▶ 핵심성취기준 : [6체03-06] 네트형 게임의 기본 기능을 탐색하고 게임 상황에 맞게 적용한다.
▶ 장소 : **교실**　**체육교실**　**체육관**　**운동장**
▶ 상세준비물 : **교과서, 탁구공**

#교과서기둥 #요리조리_통통 #책걸상합체　　　　🔍

각 분단의 책걸상을 빈 공간 없이 붙인다.

책걸상 끝에 교과서 기둥을 놓아둔다.

책걸상 위에 최소한 한번은 바운드 시킨다.

정해진 횟수로 도전 후, 점수가 높은 팀이 승리한다.

놀이 소개

책상과 의자, 교과서를 활용하여 교실에서 바로 실시할 수 있는 탁구공 놀이입니다. 각 분단의 책걸상을 빈틈없이 하나로 모으고, 교과서로는 탁구공이 들어갈 수 있는 책기둥을 만듭니다. 탁구공을 책걸상 반대편에서 던져서 교과서 기둥에 넣으면 점수를 얻는, 간단하지만 재미있는 놀이입니다. 탁구공이 바운드되며 지나가다가 튀어나와 있는 의자를 맞고 제 멋대로 방향이 바뀌는 등 변수가 많아 실력에 상관없이 누구나 재미있게 참여할 수 있습니다.

① 각 분단의 책걸상을 빈 공간 없이 붙인다.

② 교과서로 책기둥을 만들고, 팀원들과 상의하여 책기둥 10개를 책걸상 끝에 원하는 모양으로 배치한다.

- 부록이 많은 교과서는 피하도록 한다(체육책이 좋다.).

- 교과서를 둥글게 말고 고무줄로 고정한다(고무장갑을 잘라 만든 고무줄이 좋음).

- 책기둥 안쪽 원의 크기를 최대한 크게 하는 것이 놀이에 유리하다.

③ 한 분단의 학생들이 한 팀이 된다.

④ 팀원 중 도우미 한 명은 탁구공을 다시 주워 던져주기 위해 책기둥 뒤쪽에 선다.

⑤ 팀원이 모두 한 번씩 도전 후, 희망자가 도우미 학생과 교대해 준다.

① 각 팀이 동시에 경기를 시작한다.

② 탁구공을 책걸상 위에서 최소한 한 번은 바운드가 되게 던져서 교과서 기둥 쪽으로 보낸다.

③ 탁구공이 교과서 기둥에 들어가면 점수를 1점 획득한다.

④ 정해진 횟수만큼 도전하여 높은 점수를 얻은 팀이 승리한다.

⑤ 모든 팀원이 한 번씩 도전 후, 교과서 기둥의 배치를 팀원들과 상의해 바꾸어도 된다.

• 자신의 순서를 잘 지키며 천천히 실시하도록 지도합니다.

• 교과서 기둥 대신 셔틀콕 통이나 감자칩 통을 활용해도 됩니다.

• 학생들이 어려워하면 큰 바구니나 상자에 넣기로 진행해도 됩니다.

• 의자를 빼고 책상만 모아 경기장을 구성해도 됩니다.

• 의자를 뺀 경기장에서 탁구공을 굴려서 넣기로 진행하면 좀 더 놀이가 쉬워집니다.

탁구서브빙고 놀이

활동영상 보러가기

▶ 학년 : 5~6학년군
▶ 핵심성취기준 : [6체03-06] 네트형 게임의 기본 기능을 탐색하고 게임 상황에 맞게 적용한다.
▶ 장소 : | **교실** | 체육교실 | 체육관 | 운동장 |
▶ 상세준비물 : **교과서, 탁구공**

#포스트잇 #사물함 #원바운드

사물함 9칸의 문을 열어둔다.

교과서로 탁구공을 쳐 원바운드로 넣는다.

성공하면 포스트잇을 사물함 문에 붙인다.

한줄 빙고를 먼저 완성하는 팀이 승리한다.

놀이 소개

빙고게임과 탁구서브를 합친 '탁구서브빙고' 놀이입니다. 빙고를 만드는 빙고판은 어느 교실에나 있는 사물함입니다. 사물함은 비워도 되고 비우지 않아도 괜찮습니다. 책상만 앞쪽으로 살짝 밀어 사물함 앞에 공간을 만들면 쉽게 할 수 있는 놀이입니다.

사물함 9칸의 문을 열어두고, 탁구의 서브처럼 원바운드로 사물함 속에 탁구공을 넣으면 문을 닫아가며 빙고를 완성하는 놀이입니다.

놀이 전 준비

① 학생들을 4팀으로 나눈다.
② 사물함의 문을 9칸씩 두 장소에 열어 경기장을 2개 준비한다.
③ 2~3m 떨어진 곳에 검정 테이프나 줄넘기로 라인을 표시한다.
④ 교과서 또는 부채 등을 라켓으로 활용하도록 하고 연습할 시간을 준다.

놀이 방법

① 학생들을 4팀으로 나누어 리그전으로 모든 팀과 한 번씩 경기한다.
② 교과서로 친 탁구공이 원바운드로 사물함에 들어가면 성공이다.
③ 성공하면 자기 팀 색상의 포스트잇을 사물함 문에 붙인다.
④ 팀별로 번갈아가면서 한 번씩 도전 기회를 가진다.
⑤ 탁구공이 바로 들어가거나 투바운드로 들어가거나, 문을 맞고 튕겨 나오면 실패다.
⑥ 한 줄 빙고를 먼저 완성한 팀이 승리한다.
⑦ 모든 팀과 경기 후 성적이 가장 좋은 팀이 우승한다.

놀이 Tip

• 자신의 순서를 잘 지켜서 실시하도록 지도합니다.
• 사물함을 닫으면서 다치지 않도록 주의합니다.
• 타임제가 아니므로 천천히 실시하여도 됩니다.
• 교과서나 부채, 필통 등 다양한 물건을 라켓으로 활용해도 됩니다.
• 원바운드로 넣는 것이 힘들다면 바로 넣은 것도 인정하거나 투바운드도 인정해주면 됩니다.
• 실력이 나아지면 사물함 문을 더 열어 빙고판을 크게 만들어 실시하면 좋습니다.

체육관 ➕ 풍선

풍선 배드민턴

활동영상 보러가기

▶ 학년 : 5~6학년군
▶ 핵심성취기준 : [6체03-08] 네트형 경쟁 활동에 참여하면서 다른 사람들의 입장을 이해하고 공감하며 게임을 수행한다.
▶ 장소 :

교실	체육교실	**체육관**	운동장

▶ 상세준비물 : 풍선, 배드민턴 라켓

#힘찬_스윙 #오래_둥둥 #안터져요

심판이 네트 끝 쪽에 점수판과 함께 위치한다.

한 사람이 여러번 쳐서 상대편으로 넘겨도 인정한다.

심판은 실점한 팀쪽 점수판의 점수를 올린다.

학생들과 심판이 적응하면, 5대5이장도 가능하다.

놀이 소개

네트형 스포츠인 배드민턴에 좀 더 쉽게 접근할 수 있는 '풍선 배드민턴' 놀이입니다. 배드민턴을 지도하면 빠른 셔틀콕을 배드민턴 라켓으로 치는 활동에 어려움을 겪는 학생들이 많아 헛스윙이 많이 나옵니다. 경기가 연속되지 못하고 바로 흐름이 끊겨서 학생들의 흥미가 금방 식는 것을 방지하기 위해, 셔틀콕 대신 풍선을 활용하면 랠리가 길어져 학생들이 재미있게 놀이를 참여할 수 있습니다. 놀이 흐름이 끊어지지 않고 경기가 계속 진행되기 때문에 역동적인 놀이가 되어 학생들의 활동량도 늘고 재미도 배가 됩니다. 풍선을 너무 크게 불면 점수가 나지 않거나 터질 수 있으니, 학생들의 실력에 따라 풍선의 크기를 조절합니다.

① 배드민턴 경기장에 네트를 설치한다.
- 배드민턴 경기장 라인은 무시하고 경기한다.
- 네트를 길게 설치하면 많은 인원이 참여할 수 있다.
② 심판이 네트 끝 쪽에 점수판과 함께 위치한다.
③ 7~8명을 한 팀으로 하여 학생을 나눈다.

① 학생들을 A 팀, B 팀으로 나눈다.
② 각 팀에서 같은 수의 풍선을 가지고 서브를 통해 놀이를 시작한다.
③ 심판은 실점할 때마다 실점한 팀의 점수판을 넘긴다.
④ 실점의 상황은 아래와 같다.
- 풍선이 팀 구역에 떨어진 경우
- 풍선을 네트 아래로 넘긴 경우
- 네트를 건드린 경우
- 풍선을 손으로 잡은 경우
⑤ 실점한 풍선은 주워서 서브를 통해 바로 다시 시작한다.
⑥ 한 사람이 여러 번 쳐서 상대 팀으로 넘기는 것도 가능하다.
⑦ 한 팀이 10점을 실점하면 경기가 종료되고, 10점을 먼저 실점한 팀이 패한다.

- 배드민턴 라켓으로 옆 친구를 치지 않도록 충분한 거리를 확보하고 주의를 기울입니다.
- 풍선을 아주 크게 불면 속도가 너무 느려져 재미가 없거나 풍선이 터질 수 있으므로 풍선을 적당한 크기로 붑니다.
- 혼자서 모든 풍선을 건드리려고 하지 말고 친구에게 배려할 수 있도록 지도합니다.
- 학생들이 놀이에 적응하면 많은 인원도 한 번에 경기가 가능합니다.
- 심판을 2~4명 두고 진행하면 정확한 판정이 가능합니다.
- 풍선의 수는 한 팀의 학생 수보다 적게 해야 놀이 진행이 원활합니다.

셔틀콕 탑 쓰러뜨리기

활동영상 보러가기

▶ 학년 : 5~6학년군
▶ 핵심성취기준 : [6체03-05] 네트형 게임을 종합적으로 체험함으로써 네트 너머에 있는 상대의 빈 공간에 공을 보내 받아 넘기지 못하게 하여 득점하는 네트형 경쟁의 개념과 특성을 탐색한다.
▶ 장소 : | 교실 | 체육교실 | **체육관** | 운동장 |
▶ 상세준비물 : 셔틀콕, 배드민턴 라켓

#탑_쌓기 #쌓는_재미 #공든_탑이

❶ 수비팀은 1분 안에 셔틀콕 탑을 쌓는다.

❷ 공격팀은 1인당 2번의 공격 기회를 가진다.

❸ 셔틀콕이 훌라후프 안에 떨어지면 탑을 쓰러뜨린다.

❹ 수비팀은 남은 탑의 셔틀콕 갯수를 센다.

놀이 소개

네트형 게임은 상대방이 받기 힘든 곳으로 공을 보내는 전략이 필요합니다. 배드민턴의 경우, 셔틀콕을 상대방 코트의 구석으로 보내는 것이 가장 좋은 전략입니다. 이를 연습할 수 있는 놀이가 '셔틀콕 탑 쓰러뜨리기'입니다. 수비팀 학생들은 흩어져 있는 셔틀콕을 모아 높게 쌓는 활동을 통해 체력훈련을 할 수 있고, 협동심을 발휘할 수 있습니다. 공격팀은 보내기 어려운 곳에 셔틀콕을 보내는 연습을 할 수 있어 배드민턴 라켓으로 셔틀콕을 다루는 기능을 연습할 수 있습니다.

① 배드민턴 경기장을 설치한다.
② 배드민턴 코트 한쪽 가운데 바닥에 셔틀콕 30개를 흩뿌려 둔다.
③ 배드민턴 코트의 네 모퉁이에 훌라후프를 한 개씩, 총 4개를 배치한다.

놀이 방법

① 학급의 학생들을 A 팀, B 팀으로 나눈 뒤, 공수 순서를 정한다.
② 수비팀은 1분 안에 바닥에 있는 셔틀콕을 주워 한 줄로 셔틀콕 탑을 세운다.
③ 4개의 훌라후프 중 원하는 훌라후프에 원하는 개수만큼 셔틀콕 탑을 세운다.
④ 시간 내에 쌓지 못한 셔틀콕이나 시간이 지나고 넘어진 탑은 점수에서 제외된다.
⑤ 공격팀은 1인당 2번의 공격 기회가 주어진다.
⑥ 공격팀이 보낸 셔틀콕이 훌라후프 안에 떨어지면 탑을 쓰러뜨린다.
⑦ 원하는 위치에서 원하는 자세로 공격할 수 있다.
⑧ 모든 학생이 두 번씩 공격하면 공격이 종료된다.
⑨ 수비팀은 남은 탑의 셔틀콕 개수를 센다. 남은 셔틀콕의 개수가 점수가 된다.
⑩ 공수를 교대하여 실시하고, 여러 라운드로 실시하여 합계 점수가 높은 팀이 승리한다.

놀이 Tip

• 배드민턴 라켓으로 친구를 치지 않도록 충분한 거리를 확보하고 주의를 기울입니다.
• 배드민턴 라켓으로 네트를 건들거나 넘어가지 않도록 지도합니다.
• 놀이 후, 셔틀콕을 탑 모양으로 잘 정리할 수 있도록 지도합니다.
• 훌라후프, 셔틀콕의 개수는 상황에 따라 변경 가능합니다.
• 놀이 시작 시, 훌라후프의 위치를 수비팀 학생들이 직접 정하게 해도 됩니다.
• 셔틀콕 탑을 맞혀 쓰러뜨리면 추가 점수를 주어도 됩니다.

체육 지도서와 교과서는 어떤 의미일까?

일선 현장에서 보면 최근에는 점점 줄고 있지만, 아직도 체육 지도를 어려워하는 소수의 선생님들을 보면 안타까울 때가 많습니다. 불과 7~8년 전만 해도 아나공 수업을 실제로 하신 분들도 계시고, 지금도 하고 있는 분이 있냐고 묻는다면 단호하게 없다고 하기가 어려울 때도 있습니다. 물론 선생님들의 인식도 개선되고 있으며 수행평가와 연계하여 성취기준별 체육 학습활동과 주제에 맞춰서 진행하고 있지만, 원활한 체육 수업활동과 진행에 힘든 점이 있는 현실도 무시할 수는 없습니다. 지금 이 책을 보고 있는 선생님도 체육수업에 대해 부담이 되거나 더 준비가 필요해서 보고 있을 것입니다.

그렇다면 교과서와 지도서는 어떤 의미를 가질까요? 지금도 교과서나 지도서는 7차 교육과정 이전처럼 딱딱하고 체육 이론과 사진만 있는 책일까요? 결론부터 미리 말하자면 2009 개정 교육과정 이후로 많은 발전과 도움이 되는 내용이 많아졌습니다. 특히 사진 및 책 편집의 발전으로 가독성이 좋아졌습니다. 예를 들면 체육 매트운동의 활동 설명을 보면 활동 단계별로 사진과 동작의 방법, 유의점들이 자세히 나와 있습니다. 물론 아이들의 흥미나 게임적 요소는 적으나 실기 방법의 충실한 설명에는 부합하는 것입니다. 특히 성취기준에 맞는 실기 방법의 지도에 있어서 교과서와 지도서를 꼼꼼히 읽어보고 학생들을 지도한다면, 교사에게도 체육 실기의 전문성을 갖게 되는 데 큰 도움이 되는 역할을 할 수 있다고 생각됩니다.

2009 개정 교육과정 이후의 체육 교과서를 보면 놀이적 요소 또는 우리가 학급에서 하던 놀이를 접목한 활동들을 삽입하고 소개하고 있는 점도 눈에 띕니다. 신문지 손에 붙여 뛰기, 서바이벌 깃발 먼저 잡기 달리기 등의 활동도 보입니다. 결국 시대적 흐름과 트렌드에 맞춰 교과서와 지도서도 업그레이드되고 있으니 체육 지도를 하시는 초등선생님들도 교과서와 지도서를 분석, 재구성하여 체육수업을 진행하길 권합니다. 물론 저도 매번 지도서를 보면서 수업하기가 힘들다는 것은 절대 비밀입니다. 쉿~

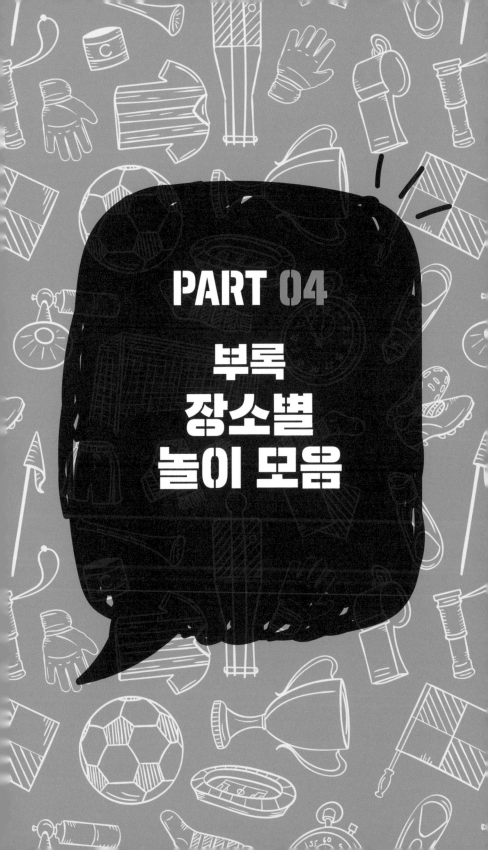

PART 04

부록
장소별
놀이 모음

1. 교실 놀이

준비물	놀이 이름	놀이 방법	페이지
맨손	상하체 합체놀이	사람을 따라 하는 거울놀이 형태로 술래는 2명이며, 각각의 상체와 하체의 움직임을 합쳐서 따라 하는 놀이	24
공	좌충우돌 드리블	실내화 장애물을 피해 드리블하며 기본 기능과 즐거움을 함께 얻을 수 있는 놀이	165
	인간 핀볼	중간에 선을 그어 상대팀으로 더 많이 공을 밀어 넣으면 되는 누구나 자신감 있게 즐길 수 있는 놀이	154
피구공	굴리고 피하고 잡고 놀이	공격팀은 둥그렇게 앉아서 공을 굴리고, 수비팀은 원 안에서 공을 피하는 놀이	62
종이 공	종이 공 주먹야구	이면지로 만든 종이 공을 주먹으로 타격해 통 안에 넣으며 기본 타격 기능을 기르는 놀이	175
탁구공	탁구서브빙고 놀이	열려 있는 사물함에 탁구공을 원바운드로 넣어 성공하면 문을 닫으며 빙고를 완성하는 놀이	217
	제멋대로 탁구골프	빈틈없이 모은 책걸상 위로 탁구공을 바운드시켜 책기둥에 넣는 놀이	215
팀조끼	사람은 죽어서 팀조끼를 남긴다!	팀조끼를 한 번 묶어 공 대신 던지며 진행하는 피구로서 교실에서 안전하게 진행할 수 있는 놀이	122
	던져서 땅따먹기	팀조끼를 공처럼 만들어 바구니에 넣으면서 땅을 점령하는 놀이	103
	사물함 빙고놀이	팀조끼를 던져 사물함과 사물함 위의 바스켓까지 포함하여 한 줄 빙고를 먼저 완성하는 놀이	100
	삼국지 틱택토 놀이	3팀으로 나누어 책상 위에 팀조끼를 놓고 한 줄 빙고를 먼저 완성하며 경쟁하는 전략형 놀이	74
풍선	풍선을 옮겨라!	두 발로 풍선을 잡고 옆의 친구에게 전달하는 놀이	56
고리	내 골대를 지켜라!	빗자루로 고리를 끼워 밀며 책상을 원형으로 눕혀 만든 골대 사이로 넣는 놀이	192

	발로 차고 발로 잡고	고리를 발로 차고 잡으며 교실에서 즐기는 발 야구 놀이	143
티볼 세트	티볼 윷놀이	타격을 통해 윷놀이를 진행하며 원하는 곳으 로 타격하는 기능을 기를 수 있는 놀이	204
책상	책상 술래잡기	인원수보다 적은 수로 비치된 교실에서 술래는 책상이 없는 친구를 따라가는 술래잡기 놀이	114

2. 체육교실 놀이

준비물	놀이 이름	놀이 방법	페이지
맨손	팔벌려 가위바위보 준비놀이	상대를 바꿔가며 전신 가위바위보를 해서 정해진 승수나 패수를 먼저 모아오면 되는 개인별 준비놀이	26
공	징검다리 축구	가위바위보를 하여 징검다리를 건너 원하는 목표물을 발로 차 맞히는 놀이	136
닷지비	닷지비 피구	닷지비를 활용하여 교실이나 체육교실 등에서 안전하게 할 수 있는 피구형 놀이	125
라바콘	짜장 짬뽕 탕수육 놀이	3단 멀리뛰기를 이용하여 팀별로 라바콘을 먼 저 획득하는 놀이	96
팀조끼	팀조끼 협동 높이뛰기	팀조끼를 이용하여 허들을 설치하고 팀별로 미션을 수행하는 놀이	92
	다리건너 전달놀이	친구의 다리 사이를 점프해서 넘은 후, 팀조끼 를 발로 전달하고 다음 주자가 다시 점프해서 뛰어넘으며 모든 학생이 도는 놀이	90
우유갑, 우유 상자	우유갑 나르기 놀이	비사치기처럼 우유갑을 신체 여러 부위로 날라 우유상자에 넣는 놀이	64
원마커	징검다리 건너기	원마커 2개를 뗏목처럼 사용하여 강을 건너 친구와 교대하는 놀이	67
스택스 컵	스택스 컵 쌓기 놀이	스택스 컵을 다리를 뻗어 발로 팀원에게 전달 한 후 스택스 컵을 쌓는 놀이	42

주사위 공	주사위 숫자 이어 달리기	주사위의 숫자에 따라 정해진 점수의 공을 빨리 가져오는 놀이	45
원마커 작은 공	징검다리 건너 공 줍기	마커를 던지고 제자리 멀리뛰기 점프로 마커에 착지해 주변의 공을 줍는 놀이	48
	다리 뻗어 협동 공 줍기	스트레칭으로 다리를 뻗어 마커를 밟고 이어 주기로 영역을 넓혀 공을 줍는 경쟁 영역놀이	51
블럭	고무인간 블럭던지기	팀원이 다리를 길게 뻗어 연결하여 마지막 주자가 표적에 블럭을 던지는 놀이	36
미션활동지	가위바위보 미션 놀이	다리 뻗기와 뜀뛰기로 친구에게 가서 가위바위보와 미션활동을 하는 놀이	39

3. 체육관 놀이

준비물	놀이 이름	놀이 방법	페이지
맨손	준비운동 3종 놀이	개인 스트레칭, 짝 스트레칭, 간단한 짝 놀이까지 짧은 시간에 근육과 관절을 충분히 풀면서도 진행하기 편한 준비운동 놀이	29
공	요리조리 패스왕	두 팀이 번갈아가며 동그랗게 선 후 서로의 이름을 부르며 공을 주고받는 활동을 통해 정확한 패스 기능을 기를 수 있는 놀이	168
	굴려라! 굴려라! 피구	공을 굴려 상대 팀을 아웃시키는 놀이로 민첩성과 협동심을 기를 수 있는 놀이	128
	원 안으로 서브 놀이	네트 없이 족구의 기본 기능인 리시브와 수비 전략을 익히기 위한 족구형 놀이	157
	하나, 둘, 셋 서브 놀이	단계별 높이를 가진 네트를 향해 원하는 곳으로 공을 보내기 위한 기능연습을 위한 족구형 놀이	159
	배구공 폭탄 돌리기	둥글게 서서 돌아가며 오버토스를 하고, 종료 신호 때 오버토스를 하고 있는 학생이 점수를 잃게 되는 놀이	184

4. 운동장 놀이

준비물	놀이 이름	놀이 방법	페이지
공	마름모 발야구	모든 선수(공격팀, 수비팀)가 필드에 들어와 경기에 참여하는 발야구형 놀이	149
	반대로 발야구	경기장 중간에서 번갈아 공을 차서 콘을 돌아 자기 팀 베이스를 먼저 밟는 팀이 득점하는 발야구형 놀이	146
	얼음땡 축구	셋을 셀 동안 이동한 후 멈춰 패스로만 골을 넣는 축구 놀이	138
탱탱볼	123 수비야구	타자는 수비가 어려운 곳에 타격을 하고, 수비는 타격된 공을 빠르게 목적지에 전달하는 주먹야구형 놀이	177
	협력 주먹야구	타자는 타격 후 목표한 위치의 조끼를 집어 돌아오고, 수비는 빠르게 공을 전달하여 경쟁하는 주먹야구형 놀이	180
팀조끼	징검다리 농구	각자의 제한된 영역에서 팀조끼를 패스, 전달하여 득점하는 놀이	170
	좀비 사냥꾼 놀이	사냥꾼이 좀비를 잡고, 좀비는 시민을 잡는 술래잡기 놀이	59
	삼각형 술래잡기	다른 색 팀조끼를 입은 세 명이 서로 어깨에 손을 올려 삼각형을 만들고 같은 색 술래를 피하는 놀이	116
티볼 세트	치고 달리기!	모둠원 모두가 주자가 되어 뛰는 놀이로 실제 활동하는 시간이 길고 협동심 또한 기를 수 있는 놀이	210
콩 주머니	던져라! 달려라!	과녁에 콩주머니를 던지고, 상대방의 콩주머니를 먼저 주워야 이기는 놀이	106
주사위	주사위 달리기	주사위를 던져 주사위 숫자가 나오는 위치의 숫자 콘을 빠르게 돌고 먼저 돌아오는 팀이 점수를 획득하는 놀이	79
줄넘기	놀이터 술래잡기	놀이터 테두리에 둘러놓은 돌, 줄넘기만 밟으며 도망가는 술래잡기 놀이	69